CELA PARA MUITOS, LIBERDADE PARA TODOS

Cela para muitos,
liberdade para todos

© Copyright by Amarilis Oliveira
Carlos Alberto Menezes (espírito)

Março/ 2008 – Mundo Maior Editora

Diretoria Editorial: Onofre Astinfero Baptista / Eurípedes Rodrigues dos Reis
Editor: Eurípedes Rodrigues dos Reis
Coordenadora Editorial: Renata de Carvalho
Conselho Editorial: Ricardo Pereira de Paula / Aurea Ugeda / Armando Scarpino
Projeto gráfico e diagramação: Set-up Time
Criação de Capa: Antonio Carlos Ventura
Revisão: Silvia Sampaio

www.mundomaior.com.br
e-mail: site@mundomaior.com.br
e-mail: editora@mundomaior.com.br

Mundo Maior Editora
Fundação Espírita André Luiz
Rua Ezequiel Freire, 732 – Santana
02034-002 São Paulo / SP
(0— 11) 2979 2157

CARLOS ALBERTO MENEZES
(Espírito)

AMARILIS DE OLIVEIRA
(Autora)

CELA PARA MUITOS, LIBERDADE PARA TODOS

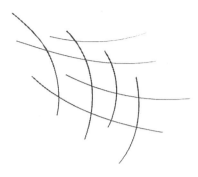

Olhando para os milhares de grades que nos cercam, descubro que não somos prisioneiros delas, pois as grades externas não nos podem prender. Somos prisioneiros apenas das que trazemos dentro de nós.

Vinícius
ORBE dos Escritores*

* Organização Brasileira Espiritual.

PREFÁCIO

Cela para muitos, liberdade para todos, esse foi o título que julguei mais adequado para este livro, pois a realidade é essa: dentro das prisões, onde muitos encarnados, muitas vezes, sem visão clara de suas culpas, estão afastados da sociedade para evitar atos mais bárbaros, aumentando seus carmas, dividem suas celas com outros tantos mais.

Esses outros tantos mais são aqueles que mesmo desencarnados estão ali, "prisioneiros" de sua própria forma. Obsessores e obsediados, assassinos e assassinados, todos incluídos em um só estado: o de sofredores.

Mas há uma outra classe que ali freqüenta constantemente, a dos espíritos abnegados, que insistem na educação, na melhoria, na procura de esclarecer àqueles que se tornaram prisioneiros.

Eu, por minha vez, insisti no meu papel, e não eram as grades que me prendiam. Era o medo de mim mesmo, o medo das conseqüências de meus atos. O medo de encontrar pessoas que me amavam, as quais eu tinha magoado com um ato cruel, deixando que ódios remanescentes de outras vidas novamente me condenassem.

Tinha terror para ser mais preciso, assim como todos que ali estão ainda presos, onde grades não os prendem mais. Onde quase sempre o perdão de suas "vítimas" demora a chegar.

A pior prisão é a da alma, pois dessa somente nós mesmos nos libertamos quando estamos prontos a confiar.

A liberdade vem para todos, mais cedo ou mais tarde. E vem na forma de confiança de que mais chance nos será dada e que lá fora a justiça e o sol sempre brilham.

Carlos Alberto Menezes

ORBE dos Escritores

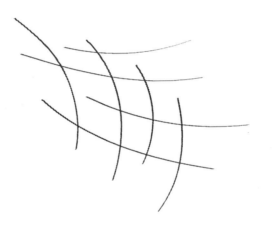

— Então é hoje o grande dia!
— Sim. É pai. Tenho certeza de que serei muito feliz.

E dizendo isso, Mariana, minha filha, veio até a mim e me beijou o rosto.

Olhei-a dos pés à cabeça. Se todo pai tem por hábito dizer que sua filha é linda, eu não seria exceção. No entanto, apesar do branco do vestido de noiva e da luz que brilhava em seu olhar, eu me sentia um tanto triste.

Desde o primeiro momento eu não tinha gostado daquele que seria, dentro de instantes, meu genro. Antipatizara logo da primeira vez que ele adentrara minha casa. Tivera certeza de que seria fogo de palha, ela nunca levava a sério os namoros. E não seria logo aquele, que eu não gostara, que seria meu genro.

Mas, passara um mês, dois, três e eles pareciam cada vez mais apaixonados. E, dois anos depois, aquilo, o dia do casamento. Ela estava radiante de felicidade.

Confesso que quando soubera da decisão tivera vontade de chorar. Cheguei a comentar com minha esposa meu desagrado, e ela discursou sobre teorias psiquiátricas, em resumo, afirmou que era ciúme de pai.

Eu sabia que não era, no entanto, como dizer qualquer coisa contra o rapaz? Parecia que ele fazia minha filha feliz.

Pensei em Osmar, um vizinho nosso, que eu torcia para que desse certo com ele, tinham até namorado. Não dera certo. Ele, eu tinha certeza, amava minha filha. Eu via seus olhos tristes quando ela passava por ele. E muitas vezes eu tinha lhe sugerido que fosse falar com ela novamente, insistisse em novas tentativas.

Ele me afirmava que já tinha feito tudo e ela lhe pedira para desistir. Suspirei. Ela se virou para mim novamente e sorriu brincando:

— Paizão, não vá cair no choro! Mamãe está até mais magra de tanta água que tem perdido.

— Não! Juro que não vou chorar. Filha, você tem certeza de que quer casar-se com esse homem? Se quiser desistir agora, eu a apoio.

Ela olhou-se de alto a baixo e zombeteiramente comentou:

— Acho que é tarde demais para mudar de idéia. Não acha?

Sentei-me na cama. Queria falar-lhe tanta coisa e nada vinha à minha mente. E para conformar-me, afirmei a mim mesmo que se não desse certo ou a qualquer momento que ela quisesse separar-se dele, eu a ajudaria.

Olhei o telefone e pensei em ligar para a casa do noivo perguntando a alguém se ele já fora realmente para a igreja. Tinha a esperança que de um momento para outro o casamento não acontecesse.

Sim! Aconteceria. Eu era quem desejava que não se realizasse. O rapaz tinha comprado um apartamento e já estava parcialmente decorado.

Um lugar simples, em um prédio simples. Mas não choveria dentro, e era muito ajeitado. Era um começo de vida.

— Pai, por que está com essa cara tão preocupada? Tenho certeza de que não vamos tropeçar na entrada.

— Você está feliz, não é, filha?

— Muito pai. Muito mesmo. Que horas são?

— Faltam ainda cinco minutinhos.

— Tenho vontade de ir correndo para a igreja, ver se os enfeites ficaram como escolhi. Pai, este vestido está bem? Jura que está?

— Está, querida. Fique tranquila, você já o experimentou tantas vezes que ele até parece velho – brinquei.

Ela me fez uma careta. Sim, realmente minha filha tinha vontade de sair correndo para os braços dele. Como eu podia dizer-lhe, sem motivo algum aparente, que eu não gostava do noivo que em poucos minutos seria seu marido?

Tinha já me debatido milhões de vezes por uma causa e não encontrara. Chegara mesmo, egoisticamente, a desejar que ele fizesse alguma coisa extrema com ela, para que o casamento fosse impedido de vez.

— Pai, vamos indo!

— Vamos. Todos já devem estar na igreja.

— Eu sou a estrela e todos têm que olhar para mim – brincou ela novamente em sua felicidade.

Saímos do quarto. A casa estava vazia, fui até a porta do fundo verificar se estava trancada. Eu tinha certeza de que estava, mas era um modo de eu adiar mais um pouquinho nossa saída.

Quando cheguei à sala ela já estava com o buquê na mão e disse-me:

— Pai, vou indo para o carro.

Balancei a cabeça concordando. Verifiquei as janelas, embora soubesse que já estavam fechadas, eu mesmo as fechara antes de ir encontrá-la no quarto.

Sem opção, saí fechando a porta da sala. Fiquei ainda alguns segundos parado, pensando: não quero esse casamento. Por que não quero esse casamento?

O motorista do carro alugado olhava-me indiferente. Minha filha já estava acomodada no banco de trás, juntei-me a ela e seguimos para a igreja.

– Pai, você está com medo. Não fique. Vai ser tudo simples, apenas esqueça que todos estão olhando para nós.

Balancei a cabeça concordando novamente. Queria me mostrar confiante, queria dizer qualquer coisa que a impedisse de casar-se. Procurei pensar em outra coisa e não consegui.

Nem quinze minutos depois chegamos em frente à igreja. Algumas pessoas, que estavam na porta, vendo que tínhamos chegado, entraram. Esperamos não mais de cinco minutos. Descemos do carro. Subimos os poucos degraus e eu ainda roguei a Deus que o noivo não tivesse chegado. Não percebi que desejava para minha filha que aquele dia tão feliz e especial para ela se tornasse seu pior dia.

Mas, assim que chegamos na porta eu o vi, todo alinhado, com os pais e padrinhos ao lado. Tive vontade de gritar: "Você não vai ter minha filha! Não a quero se casando com você!"

Engoli em seco. Não tinha motivos e ela o amava. Olhei-a e tive vontade de inquirir-lhe novamente, como já fizera tantas vezes: o que ela tinha visto nele?

A música começou e de passo em passo chegamos ao altar. Ele sorriu para mim, pegando-a, e eu tive vontade de dar-lhe um soco.

Deixando minha filha, juntei-me à minha esposa, que cochichou, sorrindo para disfarçar:

— Que cara é essa? Melhore-a! Sua filha está se casando.

— Estou nervoso.

— Não formam um casal lindo? — Observou ela, feliz.

Eu não respondi. Olhava-os e para mim não combinavam. Minha mente, embora eu sufocasse, ainda queria um motivo para impedir.

Olhei para as pessoas que estavam sentadas e vi Osmar de braços dados com uma jovem. Tive certeza de que ela era apenas decoração. Pensei: Osmar, você quem devia estar ao lado de minha filha neste altar.

Ele sentiu meu olhar e olhou-me de volta. Sorri. Sentia-me entristecido e de certa forma o acusando. Mariana tinha amado aquele homem, que estava ao lado dela naquele altar, desde o primeiro momento que o vira. O que se podia fazer?

Olhei para o teto da igreja. Era como se eu não quisesse ver a cerimônia. Minha esposa cutucou-me. Senti que dela nada escapava e que depois da festa iríamos ter uma conversinha. E ela chamaria minha atenção para o ciúme sem sentido.

Tornei a avaliar se ela tinha razão. Não! Não tinha. Se fosse com Osmar eu estaria completamente feliz.

Olhei Mariana e podia sentir que ela estava exultante. Olhei para o noivo e tive novamente vontade de socar-lhe, como se estivesse fazendo algo errado. Não estava.

Finalmente acabou a cerimônia e eles seguiram pelo corredor para receberem os parabéns. As pessoas os seguiram logo atrás, e minha esposa reclamou em voz quase inaudível:

— Meu Deus! Você está com uma cara de quem quer socar o rapaz. O que pode ter contra ele? Nada! Tenho certeza e você também tem, do contrário teria impedido o casamento. Eles vão ser felizes e você vai ter que engolir sua antipatia.

— Se os tempos fossem outros eu impediria — respondi.

Ela me olhou nos olhos e suspirou irada, sem nada dizer.

Seguiu-se a festa e ali eu procurei esquecer minha antipatia. Roguei muitas vezes para que Deus os ajudasse a serem felizes. Mas eu não estava sendo intimamente sincero.

Houve música, descontração, risos e muitas despedidas quando eles partiram.

Quando finalmente fomos para casa, avaliei, durante o trajeto, que dos pais dele eu gostava. Tinha já, em várias ocasiões daquele período de namoro e noivado, convivido com eles em almoços e jantares e gostava deles, e muito. Mas do filho era-me impossível. Bem que eu me esforçara, consolava-me.

Quantas vezes eu tinha especulado com o pai ou com a mãe dele algum defeito no rapaz? Quantas vezes tinha procurado argumento para fazer com que minha filha desistisse?

Percebi que eu estava cansado. Minha esposa havia tirado os sapatos e queixava-se de dores nas pernas. Mas logo depois se empolgou em falar da festa, como tinha sido ótima e como todos pareciam ter gostado.

Realmente somente eu parecia ter alguma queixa e era justamente o motivo da festa. Não disse mais nada. Jurei, naquele momento, que dali em diante nunca mais falaria que não gostava daquele rapaz. Ele tinha entrado para a família definitivamente e eu tinha que aceitá-lo, mesmo a contragosto.

Quase quinze dias depois os recebemos para almoçar em casa, era um domingo. Minha esposa tinha se esforçado em caprichar e fazer o prato preferido de Mariana.

Assim que ela chegou, de mãos dadas com o marido, parecia muito feliz. Cumprimentei-o olhando-o nos olhos, percebi que eu havia adquirido o costume de procurar nele algo errado. Ele parecia não perceber. Eu não conseguia ainda pensar nele como meu genro.

Meu outro filho, Diogo, também logo chegou com a esposa e me lembrei que tinha gostado dela desde o primeiro momento. Abracei-a com carinho e senti que gostava dela apenas um pouco menos do que da minha própria filha. Recordei-me que estavam casados há dois anos.

Durante o almoço, em uma conversa animada, eu ficava procurando em Mariana alguma tristeza, alguma queixa do marido. E nada encontrei.

Acabou o almoço, veio o lanche da tarde, e horas depois o jantar. E somente às nove horas começaram a irem-se. Júlia, minha esposa, sentou-se ao meu lado, quando todos tinham ido, e inquiriu-me:

— Quando você vai aprender a disfarçar que não gosta do marido de Mariana? Estão casados e você nada poderá fazer.

Aprenda a gostar dele. Aprenda! Não cultive o ódio, ele cria imagens horríveis. Piora tudo à volta de quem odeia. Tira a paz da alma.

– Não consigo. Tenho tentado e não consigo. Não sei como explicar por que não gosto dele. Tenho me perguntado milhões de vezes e me esforçado outros milhões.

– Aprenda! E controle esse ciúme. Não pode ser outra coisa. Mariana não é idiota, sabe que você não gosta do marido dela e fica triste. Se gosta de sua filha tanto quanto diz, não a faça ficar triste.

Eu não retruquei mais. Era uma conversa que ia e vinha sempre. Como fazer todos entenderem que eu até tentava e não conseguia?

Muitos dias se passaram e eu não vi mais Mariana. Ela tinha sua nova vida e eu sentia falta do som de sua voz em casa, de suas conversas. Mas, dessa falta eu me acostumaria, assim como tinha me acostumado à separação de meu filho. Tinham suas vidas e precisavam segui-las. É o destino do ser humano, juntar-se a outros e formarem uma família, renovando o ciclo da vida.

Meu raciocínio lógico assim ditava. Mas no caso de Mariana, o raciocínio lógico se intimidava ante o que eu sentia pelo marido dela.

Quase cinco anos depois do casamento, Mariana já tinha dois filhos e estava grávida do terceiro, e minha esposa, confidencialmente, comentou comigo que Mariana e o marido estavam se desentendendo.

Tive vontade de ir à casa dela e trazê-la junto com os filhos para morarem comigo, sem mais nem menos. Não tinha esse direito, sabia. Eu e minha esposa já tínhamos passado também por várias crises conjugais, que é uma forma de o casal crescer e suplantar as diferenças. Mas meu ódio por ele cresceu assustadoramente.

Na minha mente já vinham pensamentos macabros, do tipo: se ele bater na minha filha, eu o mato. Mas ele nunca tinha feito isso e meu raciocínio lógico insistia em afirmar que ele nunca faria.

Quantas vezes, naqueles meus vinte anos de casamento, eu mesmo não tinha discutido com Júlia? Às vezes eu coberto de razão, outras completamente errado.

Com a desculpa de que não se sentia bem na gravidez, minha filha passou a ficar muito mais tempo em nossa casa, com os outros filhos.

Tentei descobrir, nessas ocasiões, o que meu genro fazia. Ela desconversava, afirmando que brigavam, mas logo faziam as pazes. E ele, como monstro, foi aumentando às minhas vistas.

O momento do parto chegou. Um dos meus netos ficou conosco e o outro foi para a casa da avó paterna, para não nos dar muito trabalho, afirmaram.

Mariana teve o bebê, e, voltando do hospital, ficou mais dias em nossa casa, vindo o marido todos os dias jantar conosco e visitar a esposa. Ficavam até muito tarde, muitas vezes eu ia dormir e os dois ainda estavam juntos.

Quando o bebê fez um mês, ele a veio buscar de vez e se foram. Até aí, nada de anormal, tinha sido assim também nas outras gravidezes.

Como iriam passar muito tempo sem nos visitar por causa da criança muito pequena, nós íamos visitá-los. Pelo menos a cada quinze dias.

Se eu tivesse outra forma de visitar minha filha e meus netos, sem ter que ver meu genro, eu o faria. Mas não tinha e minha esposa insistia que era obrigação minha acompanhá-la e também obrigação de pai e avô.

Meu genro sempre também parecera bom pai. Era atencioso com o bebê e com os outros filhos. Mas eu notava um distanciamento entre ele e a esposa. Tinha a sensação que quando um estava em um cômodo da casa o outro parecia preferir ficar em outro.

Certo dia, tive certeza que iriam se separar. Eu não sabia o que estava ocorrendo, mas podia sentir.

Quando comentei com Júlia, ela reclamou que eu devia parar de querer aquela separação, e lembrou-me que eu nunca quisera aquele casamento. Afirmou que eles estavam passando por problemas, sim, mas quantos eu e ela também não tínhamos passado?

Fez-me recordar que pelo menos cinco vezes, durante todo nosso tempo de casados, tínhamos pensado em desistir do casamento e nos separarmos. E por muito pouco não o fizéramos. Afirmou até que talvez por covardia nossa.

Tinha razão. Estava repleta de razão. Tínhamos também nossos problemas, não éramos um perfeito com o outro ou tão dedicados quanto deveríamos. E por que eles não passariam também por crises?

Três filhos em tão pouco tempo. Difícil de educar, alimentar, vestir etc. Realmente, quem era eu? Não tinha também meus maus humores, frustrações e raivas incontidas?

Seis meses se passaram do nascimento do bebê, e a hostilidade entre eles era óbvia. Estavam sempre se maltratando, não disfarçavam mais o descontentamento.

Quando tive chance, afirmei a Mariana que voltasse para nossa casa. Eu assumiria as crianças totalmente se fosse preciso. Estimulei a separação em vez de ajudá-los a se compreenderem.

Sequer sabia quem tinha razão, se ela ou ele. Deduzira prontamente que minha filha era a vítima.

Nem um mês da recusa dela, cheguei do trabalho e ela havia voltado com as três crianças. Mãe e filha discutiam, minha esposa afirmava que ela devia voltar para casa e tentar resolver os problemas.

Mariana afirmava que iria ficar, pois eu havia lhe oferecido abrigo. Na verdade eu oferecera a fuga e não tinha percebido.

Entrei na discussão das duas. Abracei minha filha como se fosse uma coitada e jurei que a ajudaria, que alimentaria seus filhos, vestiria etc.

Quando meu genro soube que a esposa se mudara para nossa casa, apareceu como fera. Eu sequer permiti que entrasse. Hostilizei-o como se fosse meu pior inimigo. Não lhe dei chance de defender-se ou falar com a esposa. Precipitei as coisas e até estimulei muito a situação, percebo hoje.

A discussão entre ele e eu foi infernal. Ele queria apenas conversar com Mariana e ver os filhos, eu não deixei, já que ela não o queria ver.

No dia seguinte ele voltou. Tentou parecer mais calmo, mas eu não estava e não permiti que entrasse novamente. Afirmei, inclusive, que nunca mais ele colocaria os olhos em cima dela. E quanto a ver os filhos, o juiz determinaria quando.

Dois dias depois da chegada de Mariana e os filhos em nossa casa e eu já tinha arranjado um advogado para ela e a estimulado, contra a vontade de Júlia, que oficializasse a separação. Passei a ver somente defeitos em meu genro, assim como minha filha, naquele momento.

Os pais dele tentaram também intervir, e eu os destratei. Impedi que visitassem até os netos, o que era pleno direito deles.

Resumindo: tomei as dores de minha filha, exagerando-as. Entrei no desequilíbrio momentâneo dela. E quando percebi, a separação, que podia ter sido temporária, tinha virado uma guerra de família, e eu seu principal mentor.

Eu e minha esposa passamos também a brigar, pois ela era contra o que eu fazia. E julgava, acertadamente, que não devíamos nos meter tanto e deixar que os dois enfrentassem seus problemas como adultos que eram.

Na primeira audiência para conciliação, eu fui junto com Mariana. Não pude entrar. Mas fiquei do lado de fora da sala, e não percebi se lá dentro eles queriam se entender. Ali fora eu estava, com minha presença, a pressionar para que continuassem separados.

Quando os dois saíram e um sorriu para o outro, fiquei de péssimo humor. Sequer o cumprimentei quando ele o veio fazer.

Peguei Mariana pelo braço e a tirei dali praticamente correndo. Abri o carro rapidamente, com medo que se arrependesse da separação e corresse para o marido.

Durante todo o caminho de volta para casa fui falando mal dele. Tudo era defeito e percebi que a raiva dela havia diminuído e corrigia-me dizendo:

— Pai, ele não é tão mau assim. É o homem com quem me casei, é o pai de meus filhos.

Virei-me contra ela e literalmente a xinguei de vulgar, de não ter amor próprio etc, forçando-a a manter-se separada. Percebi que ela ficou chocada com minha atitude e calou-se.

Todos meus sentidos não queriam que ela voltasse para o marido. Pensei, insanamente, até em matá-lo. Era como se eu quisesse que ele fizesse algo para me dar uma desculpa justificável para tanto.

Antes que a separação legal fosse completada, eles voltaram a morar juntos. Quando eu soube da decisão dela, fiquei tão irado que gritei com ela, com minha esposa e xinguei até meus netos, que nada tinham a ver com o problema.

Parecia que algo dentro de mim queria explodir de raiva, e eu explodia gritando e ofendendo a todos. Como livre atirador que quer somente atirar, mesmo sem motivo aparente e lógica.

Júlia tentou colocar-me na realidade. Não aceitei e afirmei que nunca mais queria ver nenhum dos dois entrando pela porta de nossa casa. Naquele momento, ela concordou. Eu estava fora de mim e em nada que se dissesse, por mais razoável que fosse, eu prestaria atenção.

Nem um mês depois Júlia avisou-me que tinha convidado Mariana e família para um almoço em nossa casa. Rogou-me que não tocasse no assunto da separação, pois parecia que eles haviam superado esse problema.

Senti meu sangue ferver. Briguei com ela, não queria meu genro adentrando minha casa novamente. Porém, Júlia também tinha sua teimosia, argumentou e eu não pude retrucar com a mesma lógica, pois eu não a tinha.

Resultado: vi os dois, com os filhos, entrarem porta adentro de minha casa. Minha filha vir até a mim e abraçar-me, afirmando que estava com saudades e eu só querer socar a boca do meu genro, como no dia do casamento.

Durante o almoço procurei prestar atenção somente nas crianças, pois parecia que eu estava gostando menos de minha filha e ainda nada de meu genro.

Com certeza perceberam minha hostilidade, pois sequer esperaram o lanche da tarde, como era o costume, mesmo com a insistência de Júlia.

Senti alívio quando se foram. E mal haviam fechado a porta atrás de si e novamente Júlia tentou me chamar à razão. E irado eu afirmei de coração:

— Qualquer dia eu o mato. Desejo isso dia e noite.

Ela parou de falar e ficou branca, olhando-me espantada. Desabou no sofá e disse incrédula:

— Meu Deus! Como eu não vi. Você está com problemas mais graves do que eu julgava.

— Se odiá-lo é problema, estou sim. E haverá somente uma solução: quando Mariana se separar dele definitivamente.

— Não é você! Você nunca foi assim! Eles tiveram um desentendimento mais sério. Passou! Pelo amor de Deus, homem! Passou! Assim como passaram os nossos.

— Com eles é diferente. Ele é um canalha!

— Canalha, como? Ele cuida da família. Nada falta aos filhos ou mesmo a Mariana. Se não está no trabalho, está em casa. É bom filho e bom pai, sabemos disso.

E era verdade. Nem tinha ficado claro a mim por que eles haviam quase chegado à separação. Com certeza era uma daquelas situações onde era tudo e nada ao mesmo tempo. Um desajuste mais grave somente.

Na verdade, a causa dos problemas entre eu e ele estava em um passado muito mais antigo. Mas ignorei esse dado por minhas imperfeições.

Quase quatro anos mais tarde, onde a relação comigo e com eles não tinha voltado ainda ao normal, embora minha esposa insistisse comigo, eles voltaram a se separar e Mariana novamente a pedir-me abrigo.

Antes de aceitá-la com os filhos em minha casa, a fiz jurar que jamais voltaria para o marido novamente. Ela, no meio daquela exasperação, jurou-me. Mais uma vez eu estava fazendo muito mais mal do que bem.

Quando, dois dias depois, ele tentou visitar a esposa e os filhos na minha casa, novamente eu não lhe dei chance de falar com ela ou defender-se. Gritei da porta a proibição, sequer permitindo que atravessasse o portão.

Tornava-me, mais uma vez, mentor de uma guerra em família, e pior ainda, em minha própria família.

Nem uma semana depois, eu já tinha, de novo, precipitadamente arranjado um advogado para agilizar a separação oficial. E não contente, passei a falar mal do pai para as crianças. Pintava-o como um monstro e, sem perceber, lhe arranjara muitos defeitos. Estraçalhando uma família, quando eu devia estar lutando para uni-la.

E outra vez, minha esposa e eu começamos a brigar por causa da minha atitude. Júlia não admitia que eu falasse mal do pai para nossos netos, no que estava completamente certa. Porém, eu insistia.

Não percebi que eu passava o dia a pensar mal dele e com isso eu criava um monstro, onde havia somente um homem, com defeitos e qualidades. E uma família em processo de ajuste.

Quando minha filha pensou em fazer as pazes com ele e voltarem, fiquei uma fera. Ameacei-a de nunca mais olhá-la na cara. Ameacei detestá-la por falta de caráter e muitos outros tipos de pressão eu fiz.

A vontade que ela tinha em voltar diminuiu muito. Mas um dos meus netos, o mais velho, sentia muita falta do pai e a noite chorava com saudade dele.

Júlia e Mariana escondiam isso de mim, até o dia em que descobri. Tive vontade de bater na criança até meu braço cansar. É lógico, apesar de meus gritos absurdos, nenhuma das duas permitiu.

A essa altura, eu queria apagar que algum dia meu genro tivesse passado pela minha família. Eu não queria ouvir falar dele, não queria que meus netos falassem do pai ou sequer eu pensar nele como alguém que sentia saudade da família.

A coisa piorou muito quando um dia ele entrou casa adentro, com permissão de minha esposa, eu não estava. E quando cheguei, eles tomavam um café tranqüilamente conversando na cozinha.

Ela, com bom senso, ouvia os queixumes dele, que lhe contava como estava sendo difícil viver sem a família, como sentia saudade dos filhos e coisas do tipo.

Eu, ao abrir a porta e ouvir o som da voz dele dentro de minha casa, senti como se tivesse sido traído totalmente. Cheguei na cozinha a passos largos, peguei-o pelos colarinhos e arrastei-o em direção à porta da rua, sem dar-lhe chance de dizer qualquer coisa.

Júlia ficou estupefada, branca. Ficou tão surpresa com minha atitude que não conseguia fazer nada. Eu estava em uma ira cega.

Joguei-o na calçada sem dó ou piedade, ele não reagiu, creio que por causa da surpresa. Já na calçada, ele gritou:

— Você é insano! Sempre digo isso a sua filha. E é por sua causa que ela, em vez de enfrentar os problemas, sempre corre para cá. Pega meus filhos e corre para os braços do papai que não a ensinou a ser mulher adulta. Ela nunca enfrenta os problemas. É extremamente mimada.

Ele devia ter ficado calado, pois toda vontade que eu tinha de socá-lo até satisfazer-me, emergiu como uma avalanche. Cego de raiva, pulei sobre ele. Alguns vizinhos vieram apartar, mas eu tinha tal força que nem três homens fortes conseguiam me segurar.

A polícia foi chamada. Fui levado e juntou-se ao meu ódio insano, o orgulho ferido e o escândalo na rua.

Fiquei na cadeia algumas horas apenas, ele mesmo, a pedido de meus familiares, retirou a queixa. Não reconheci isso. Julguei-o covarde, tive certeza de que havia retirado a queixa por medo de mim e não porque queria viver em paz, ter acesso aos filhos e, mesmo estando separado de minha filha, poder ter um relacionamento, no mínimo, civilizado.

Eu não permitia e pressionava muito Mariana. Ele tinha razão. Como mulher adulta, se comportando como pessoa imatura, ela fugia dos problemas, separando-se dele e correndo a mim e eu estimulando esse comportamento distorcido.

Não preciso descrever minha raiva quando voltei para casa. Cheguei a expulsar minha esposa por tê-lo deixado entrar. Ela me acusou de estimular nossa filha a coisas idiotas como separar os filhos do pai. Tentou explicar-me que as crianças sentiam saudade dele e elas nada tinham a ver com as diferenças entre os pais e a minha com ele.

E, para azar dela, deixou escapar que sempre, quando eu e Mariana não estávamos, o deixava visitar os filhos.

Onde pensei não caber mais ódio, coube um pouco mais e dessa vez extrapolei mais uma vez, esbofeteando minha esposa várias vezes. Eu nunca tinha cometido tal ato. Éramos um casal que sempre vivera equilibrado, sempre procurado resolver nossas diferenças em conversas inteligentes e sinceras, com raras exceções.

No mesmo instante ela fez uma mala e foi para a casa da irmã. Eu me julgava pleno de razão. Quando Mariana chegou do trabalho, eu lhe contei, ao meu modo, o que tinha ocorrido.

Ela ficou pasma e percebeu que algo estava muito errado comigo. Tentou entender, fez-me muitas perguntas e eu julguei que as dava com lucidez. Porém, eu não estava lúcido, pois o ódio cega a mente e a razão.

Naquela noite e nas seguintes comecei a planejar a morte de meu genro. Julgá-lo culpado por tudo. Não percebia que algo muito grave acontecia dentro de mim.

Sequer procurei Júlia para pedir-lhe desculpas e tentar contornar o que acontecera. Minha preocupação era manter minha filha separada do marido e evitar que meus netos o vissem também. As crianças tinham medo de mim, haviam visto eu agredir o pai delas e assistido eu, absurdamente, esbofetear a avó.

Como nossos pensamentos fazem nossas ligações, descobri um matador de aluguel em um bar. O homem contava abertamente vantagens, o preço dele era alto. Pechinchei para que me fizesse um abatimento, ele não aceitou.

Pensei em vender alguma coisa para pagá-lo, o carro seria mais fácil. Graças a Deus, minha esposa, ainda separada de mim, jurou que não assinaria a venda e avisou-me também que já tinha procurado um advogado para pedir a separação oficial.

Obcecado em perseguir meu genro, julguei que era a melhor coisa, pois eu não podia confiar nela, pois ela o deixara entrar em nossa casa para visitar meus netos.

Eu tratava meu genro como se ele fosse uma pessoa cruel e não percebia que quem estava sendo cruel era eu.

Superestimava todos os problemas, dando-lhes dimensão de uma guerra, destruía meu lar e o de minha filha.

A essa altura, mesmo que Mariana quisesse voltar para o marido, tinha medo de mim.

Dias depois recebemos uma ordem jurídica dando permissão para meu genro visitar os filhos. Eu rasguei na frente do oficial de justiça e o desacatei.

Fui chamado à presença do juiz para depor. Ele tentou conversar comigo com bom senso, eu, inflamado pelo ódio a que me entregara, argumentei e inventei coisas contra meu genro. Inventei que tinha até medo que ele matasse um dos filhos para nos agredir, porém, quem planejava assassiná-lo era eu.

Os meses se arrastavam e eu pagava um advogado para manter um impedimento de meu genro visitar os filhos.

Certo domingo de manhã, bateram à nossa porta. Mariana foi atender, eu preocupado que fosse ele, olhei pela janela e os vi sorrirem um para o outro e ficarem conversando um bom tempo no portão e eu atento.

A cada sorriso dela para ele, eu ficava uma fera. Não tinha ciúme dela com ele, eu o detestava. Por bom senso de minha filha, ele não entrou e quando tentei especular o que haviam conversado, ela divagou.

Eu a olhava longamente, queria adivinhar, detestava que ela tivesse sorrido para ele. Não percebi que todos temiam meu comportamento insano. E o perigoso ali era eu.

Voltei a pensar em um modo de tirá-lo do nosso caminho definitivamente. Dinheiro para pagar um matador eu não tinha, então, comecei a pensar em atropelá-lo.

Essas cenas vinham à minha mente em detalhes, como um filme passando e eu antegozando o prazer que sentiria. Precisava ser em uma rua deserta, sem testemunhas, para que não me reconhecessem e eu saísse impune.

Sabia onde ele trabalhava e sabia também que ele estava morando onde antes morava com a família. Não mais no apartamento de recém-casados, tinham prosperado e comprado uma casa. Fiz o trajeto várias vezes, o segui, outras tantas, de casa para o trabalho e vice-versa.

Era o que ele fazia. Saía do trabalho e ia direto para casa e lá ficava sozinho. Ia para o trabalho às sete e meia e o movimento nas ruas já era grande. Saía do trabalho às cinco e meia e às seis e quinze, no máximo, já estava em casa, e o movimento nas ruas ainda era grande. Temi ser preso na hora ou talvez até linchado. Poderiam perceber que o atropelamento era proposital, pois ele sempre atravessava na faixa e era muito cuidadoso.

Passei noites estacionado perto da casa dele esperando que saísse, e ele sempre ficava em casa sozinho. A casa era segura, tinha grades altas e se eu batesse para entrar, algum vizinho poderia ver e testemunhar contra mim.

Em um desses dias, Mariana calmamente tentou conversar comigo, contou-me que as crianças estavam tristes e o meu neto mais velho ainda chorava de saudade do pai.

Tive vontade de espancar a criança, e pedi que ela chamasse o garoto para conversar comigo. Ela não permitiu, temeu pelo filho e eu não percebi que ela, enquanto falava comigo, também tremia de medo. Se ainda estava morando comigo, era por temer-me. Toda família, incluindo minha esposa, passara a temer minhas atitudes.

Alguns de meus parentes, como irmãos e cunhados, haviam tentado argumentar comigo e eu só lhes tratara mal. Estava cego a todos os argumentos lógicos, como aqueles que naquele momento minha filha tentava me dar.

Qual não foi minha revolta quando Mariana me relatou que fizera um acordo com o juiz da vara de família, para que meus netos ficassem com o pai todos os domingos, o dia todo.

Xinguei o juiz de irresponsável e outras coisas tantas, tão absurdas quanto o que eu fazia. E quando percebi que ela julgava que meu genro tinha o direito de ver os filhos, até para o bem das crianças, novamente fiquei cego de raiva e bati-lhe no rosto também, como tinha feito à mãe dela.

Mariana não aguentou calada, tentou se defender e gritou que eu estava maluco e que iria voltar para o marido, pois não conhecia aquela faceta minha.

Corri e tranquei a porta para impedi-la. Eu gritava tanto que as crianças, apavoradas, choravam alto e pediam por socorro.

Alguém bateu na porta. Sem saber quem era, mandei embora. Segurei minha filha pelos pulsos ameaçando-a, as crianças tentavam apartar, eu tentava manter Mariana segura e obrigá-la a obedecer minhas ordens.

De repente, me vi sendo algemado e lutando contra muita gente. Fui colocado no camburão da polícia. Eu estava fora de mim e um único pensamento novamente vinha, eu precisava matar aquele homem.

Fiquei preso por três dias. Um de meus irmãos foi tirar-me da cadeia, junto com meu filho, que tinha ares de muita tristeza. Levaram-me para a casa desse irmão e ali tentaram argumentar que eu estava me comportando como insano. Sugeriram um tratamento.

Tive vontade de agredi-los também e percebendo isso meu irmão ameaçou internar-me em um manicômio.

Mesmo afirmando-lhes que ficaria na casa de meu irmão e da família dele por uns dias, eu, no meio da noite, fugi para minha casa. Chegando lá, a casa estava totalmente às escuras. Abri a porta e entrei. Ninguém estava lá.

Fui ao quarto que minha filha ocupava com meus netos, e o berço que havia lá fora retirado. Abri a porta do guarda-roupa e não havia nenhuma roupa deles.

Tive certeza de que, aproveitando minha ausência, ela havia voltado para o marido.

Decidi ir à casa de meu genro e matá-lo na frente de todos, se fosse preciso. A essas alturas, eu estava tão entregue aos laços de ódio que perdera completamente o bom senso e a censura.

Procurei a chave do carro e não encontrei. Fui até a garagem e tentei fazer ligação direta. Não sabia como fazer e não consegui, apenas estraguei os fios.

Decidi esperar o amanhecer, sem pregar os olhos, para chamar um eletricista. E enquanto isso procurei melhor a chave do carro, e a encontrei dentro de uma gaveta da estante.

Passei a noite sentado, com a chave na mão, acumulando mais ira e com a sensação de que o amanhecer nunca chegaria.

Mas, mal deu sete horas e vi o carro de meu irmão estacionando em frente de casa. Ele abriu o portão, com certeza com a chave de Júlia, que tinha se divorciado de mim. Bateu na porta e vendo que eu não ia abrir, abriu e entrou.

Ao ver-me, com a chave do carro na mão, perguntou-me:

— Onde você pensa que vai?

— Vou matar aquele homem! Vou fazer isso para o bem de minha família. Estou separado de Júlia por causa dele. Minha filha é infeliz por causa dele e meus netos me temem por causa dele.

— Por que diz isso? Sabe que não é verdade. Você não é mais o mesmo. Já te disse que sei de tudo, sua esposa e filha me relataram. Elas estão com medo de você. Não dele. De você! E eu passei a ter também. Não por mim, mas pelo mal que pode fazer. Podíamos tê-lo tirado da cadeia no dia seguinte. Fomos aconselhados a deixá-lo lá por uns três dias, para acalmar-se.

— Quem foi que o aconselhou a isso? Não precisa dizer, foi ele. Tenho certeza de que foi ele.

— Não foi! Foi o próprio delegado. Ele me disse que algumas vezes pessoas normais ficam insanas e ele pode, com sua experiência, reconhecer uma situação assim, e você se encaixa completamente nesse perfil. Sua filha e o marido brigam, se separam e depois voltam. O que podemos fazer? Talvez não tenham maturidade para viverem juntos ou só saibam viver desse modo. Deixe-os. Que tenham a vida que desejam. No entanto, você se mete e impõe. Pensa que engoli você ter esbofeteado Júlia? Qual a acusação? De ela estar ouvindo seu genro? De permiti-lo visitar os filhos? Ou o lado dela da história, aconselhando-o? Era o que você devia estar fazendo.

Enquanto ele argumentava com lucidez, eu sequer prestava atenção. Tinha preconcebido que ninguém entendia a extensão dos problemas, somente eu. E, insanamente, me sentia como um herói isolado defendendo sua família de um inimigo cruel.

Ele ainda ficou falando outra meia hora, parei de ouvir quando percebi que não podia argumentar. Quando deu oito horas e o comércio, eu sabia, já estava aberto, levantei-me dizendo que tinha um compromisso.

— Não tem. Já está aposentado e até ontem estava na cadeia. Irmão, tenho certeza, como se alguém gritasse dentro de mim, que você vai fazer uma besteira das grandes. Eu não vou permitir. Ou você vai para a casa de seu filho, ou para a minha ou eu o levo de volta à cadeia.

Sentindo que ele estava firme no propósito, mudei de atitude e comecei a gritar com ele, coisas do tipo: você não tem nada a ver com minha vida; não se meta; vá cuidar da sua.

E dessa vez quem se manteve surdo foi ele. Pegou um jornal velho, que ainda estava fechado sobre a estante, e me disse calmamente:

— Já que esta é sua casa e está vivendo sozinho, faça-nos um café, pois não tomei o meu.

Falei um palavrão e percebi que não tinha fome. Era como se aquele estado de ódio, se agravando, me alimentasse também o físico.

Eu não fui fazer café. Olhava para a garagem e queria dar um jeito de ir até o carro e fazê-lo pegar. Não ia, eu tinha estragado os fios da partida e já havia tentado tantas vezes, durante aquela noite, que tinha certeza de que seria inútil.

Não queria que meu irmão visse o estrago que eu fizera no carro. Não queria que ele tivesse qualquer suspeita quanto ao que eu queria fazer. Não queria de forma alguma ser impedido.

Mandei-o embora outra vez e depois mais outra. Ele apenas levantava a vista do jornal e continuava lendo ou reclamando que estava com fome.

Eu continuava não ouvindo e sentia-me preso com ele ali. Parecia que uma força vinda dele me impedia de reagir.

Quando deram dez horas, Diogo chegou. Vi seu carro estacionar. Meu irmão, que continuava lendo o jornal, levantou-se e ouvindo o barulho do carro foi até a janela e olhou. Sorriu ao ver que era Diogo. Perguntei mal educadamente:

– O que é? Reunião de família?

– Sim. É para isso que somos uma família.

Um certo pavor tomou conta de mim. Os dois já haviam tentado interceder naquela situação e eu não permitido. Tinha já os expulsado de minha casa por se meterem em meus problemas. No entanto, estavam ali, calmamente.

Diogo tocou a campainha. Eu não dei um passo para abrir o portão, meu irmão foi. Cumprimentaram-se e eu lastimei que em casa não houvesse um portão dos fundos.

Assim que Diogo me viu, falou em tom autoritário:

 36

— Pai, vá tomar um banho e colocar uma roupa limpa. Está cheirando a cadeia.

Somente nesse momento percebi que eu ainda estava com a roupa de quatro dias. A roupa com que tinha ido para a cadeia. Não queria tomar banho e trocar de roupa, no entanto, fui. Seria um tempo para eu pensar em um modo de fugir deles, pois pareciam que não iam me dar folga.

Embaixo do chuveiro eu não conseguia ouvir o que diziam. A água, caindo pelo meu corpo, parecia acalmar-me e tentei pensar sobre o que eles queriam de mim.

Quando voltei para a sala, um cheiro de café perambulava no ar. Um deles, não sei qual, tinha feito café. Segui para a cozinha e eles estavam sentados à mesa. Convidaram-me como se eu fosse a visita. Sentei-me e eles procuraram nos armários algo para servir com o café.

Encontraram uma lata cheia de biscoitos e isso me fez lembrar de meus netos. Era para eles que os comprávamos. Minha raiva aumentou como um pulso enviado a mim.

Perguntei-lhes:

— Já tomei um banho e troquei de roupa. Já não estou mais cheirando a cadeia. O que querem agora?

— Vamos levá-lo a um lugar. Você está com problemas graves, não sei como não percebemos antes.

Eu não queria acompanhá-los. Sabia que tinham vida própria e não poderiam ficar para sempre grudados em mim. Decidi ser dócil para me livrar logo deles.

Assim que tomamos café, mesmo de má vontade, segui com eles. Porém, meus pensamentos eram somente arrumar o carro e ir até a casa de meu genro.

Paramos em frente a uma igreja e um deles me disse que eu precisava de uma reza e de confessar-me. Entramos na igreja e eu fui até o confessionário. Lá um padre me ouviu contar sobre um genro de mau caráter, a pior pessoa do mundo com quem se podia cruzar. Ele me fez algumas observações de bom senso e eu saí. Confesso que um pouco mais calmo.

Meu irmão e Diogo me levaram para casa novamente e por insistência minha deixaram-me sozinho. Perceberam que eu estava mais calmo e sugeriram que eu dormisse um pouco.

Mal entrei em casa e saí. Fui procurar um eletricista e logo perto de casa havia um. Inventei que haviam tentado roubar meu carro. Ele riu dizendo que o ladrão não tinha perícia nenhuma e inadvertidamente ensinou-me a fazer a ligação direta.

Quando ele acabou, paguei-o e ele se foi. Entrei em casa e senti um sono enorme, pois não tinha dormido à noite. Fechei a casa e fui para cama. Sabia que meu genro, àquelas horas, estava no trabalho e longe de meu alcance.

Acordei e já era noite. Acendi a luz e fiquei sentado na cama pensando. Lembrei que Mariana devia ter voltado para o marido. Chorei julgando que ela não me merecia como pai, que não tinha caráter ou responsabilidade com os filhos.

Pensei também em minha esposa e na traição que eu julgava que ela tinha feito. Eu queria todo mundo a meu favor e contra meu genro, mesmo sem eu ter nenhuma razão.

Quando passou a tristeza pelo abandono que eu sentia e voltou a raiva, por quem eu julgava culpado, eram três da madrugada.

Vesti-me decidido a pôr um final naquilo. Passando pela cozinha, peguei uma faca, procurei a mais afiada. Saí com o carro e dirigi-me a casa dele.

Chegando lá toquei a campainha como um desesperado. A luz de fora foi acesa e vi minha filha, de camisolas, olhar-me pela janela.

Ao me ver, pude sentir o medo dela. E todo ódio que eu sentia canalizou-se para ela. Mariana voltara para o marido e me traía, assim como todos. Ela perguntou nitidamente assustada:

— O que foi, pai?
— Quero falar com você.
— Pai, é tarde, falaremos amanhã.
— Eu vim para conversarmos agora! É preciso que seja agora!

E pensei: "você me traiu, voltou para esse canalha. Só falta sua mãe também estar aqui. Ele roubou toda minha família".

Logo depois, ela, com um robe por cima da camisola, abriu a porta para sair e o portão em seguida. Entrei. Ela me disse:

— Pai, fale baixo, as crianças dormem.
— Sua mãe também está aqui?
— Não! Está na casa da tia Suleica. Desde que se separou de você ela mora lá. Você sabe disso!

Era lógico que eu sabia. Porém, naquele momento eu não me lembrava. E isso fez com que Mariana percebesse que havia algo de muito errado comigo. Embora eu estivesse transtornado, me sentia normal.

Entramos, e ela, fechando a porta da sala, perguntou-me:
– O que há, pai? Lastimo que tenha ido para a cadeia. Mas você estava tão ameaçador! Tive medo. Pai, decidi que vou enfrentar meus problemas com meu marido. Meus filhos sofrem muito. Estive com uma psicóloga, ele me sugeriu, tinha razão. Eu preciso ser mais madura. Envolvo todo mundo em meus problemas e crio uma confusão na família.

– Então é assim? Ele contrata para você uma psicóloga com propósitos de convencê-la que ele é um santinho e você aceita.

– Não é nada disso, pai.

– Lógico que é! Eu te defendo dele e você corre para ele, me traindo!

– Pai, fale baixo, as crianças dormem.

– Filha, eu vim para dar um fim nisso.

– Pai, eu vou dar um fim nisso. Mergulhei vocês nos meus problemas. Você e a mãe se separaram irreversivelmente e eu me sinto culpada. Você mudou. Vive irado. Eu nunca tive medo de você e hoje tenho. Meus filhos o temem também. – Disse ela se levantando e me abraçando. – Pai, eu não quero ter medo de você. Eu o amo, sempre foi um bom pai.

Eu a abracei de volta, e foi nesse momento que o marido dela, com cara de sono, entrou na sala, perguntando:

– Mariana, o que há? O que seu pai faz aqui a essas horas?

Vendo a figura dele, um raio de ódio atravessou-me. Empurrei-a de meus braços com força e Mariana voou, pois não esperava. Tirei a faca de dentro da roupa e pulei sobre ele para apunhalá-lo.

O que aconteceu daí em diante parecia irreal. Meu corpo parecia dormente. Eu podia ouvir gritos, sentia alguém me puxar, senti também dor. Não sei quanto tempo passou até que senti, por trás, mãos fortes segurar-me firmemente.

Eu lutava cega e iradamente. Podia sentir que a faca ainda estava na minha mão, pois ela parecia fazer parte de meu corpo e ninguém conseguia arrancá-la.

Olhei-me e vi que estava todo sujo de sangue. Não sabia se estava ferido também e só queria ver meu genro aos pedaços.

Dois homens empurravam-me contra a parede, cada um segurando de um lado de meu corpo e eu tentava golpeá-los. Percebi que um deles estava com roupa de dormir e o outro sem camisa.

Um deles parecia lutador, pois tinha uma força descomunal. Segurava meu braço armado com uma das mãos e com a outra o meu peito, empurrando-me contra a parede. Parecia que minhas costelas iam se quebrar. Eu gritava a única coisa que ocupava minha mente:

– Ele merece morrer! Vou matá-lo! Deixem-me matá-lo!

Eu tentava sair daquela posição e queria golpeá-los também. Não conseguia. Aquela mão forte segurando meu tórax contra a parede parecia até me impedir de respirar.

Alguém gritou:

– Ele está louco! Tragam alguma coisa para imobilizá-lo! Uma corda de varal serve!

Eu não senti, apenas ouvi o barulho da faca caindo ao chão e um dos homens, que me seguravam, chutá-la para bem longe. Tentei abaixar-me e pegá-la. Sequer consegui movimentar meu corpo.

Olhei pela sala e vi meu genro caído ao chão com vários golpes e pensei: Você está morrendo e vai morrer. É somente isso o que quero.

Um outro homem, jovem, aproximou-se. Olhou-me bem nos olhos e me disse tristemente:

— Tio, como pode fazer isso?

Levei alguns segundos para reconhecer meu sobrinho, que morava ali perto.

E foi ele, com a ajuda dos que me seguravam, que amarraram minhas mãos para trás com força, fazendo meus músculos doerem.

Sentaram-me a um sofá e também amarram meus pés. Olhei ao redor e vi Mariana, branca como cera, suja de sangue também, de olhos arregalados, parada como uma estátua.

Um silêncio macabro percorria o ambiente. Meu genro estava caído ao chão, e uma poça de sangue aumentava ao seu redor.

Olhei para meu sobrinho e ele tinha um ferimento no braço, feito com a faca. Com certeza tinha sido chamado e eu lutara com ele sem sequer vê-lo.

Um carro de polícia chegou e logo depois a ambulância. Vi quando tomaram as primeiras providências e levaram meu genro.

E depois que o policial me fez um pequeno interrogatório me levaram para a cadeia. Colocando-me dentro de uma cela.

Até aí tudo parecia irreal ainda. Eu estava sobre o efeito do choque, não conseguia pregar os olhos e sequer pensar em nada. Mas sentia uma satisfação íntima, meu genro estava morto.

No dia seguinte, alguém, quem eu não vi, trouxe-me roupas limpas, o guarda entregou-me. Eu não tinha como tomar um banho ali dentro. Por isso me limpei com um pouco de água da pia, e com a camisa que tinha usado.

O cheiro de sangue, que estava sobre mim, começou a dar-me náuseas.

Na parte da tarde, um dos meus irmãos foi me visitar. Tentou conversar comigo e ouvir de mim alguma coisa.

Eu não queria falar e nada disse. Fiquei olhando-o como se ele fosse apenas uma imagem. O delegado também tinha tentado me interrogar, e eu ficara do mesmo jeito, olhando-o bobamente, como quem não consegue entender as palavras.

De volta à cela meu cérebro parecia oco. Não processava as informações.

A noite eu não conseguia dormir, parecia que o sono ainda não tinha sido inventado. Na pouca luminosidade que havia, eu ficava olhando para a cela, em seus detalhes, estava sozinho. Não tinha fome nem sede ou sequer vontade de ir ao banheiro.

As roupas sujas ainda estavam a um canto e eu quis tocar fogo nelas. Não tinha com que, e lamentei não fumar, pois assim teria fósforos.

No outro dia, logo pela manhã, um advogado também foi falar comigo. Começou falando que tinha sido contratado por minha família. Perguntou-me as mesmas coisas que o delegado, e, novamente, nada respondi. Ele insistiu afirmando que eu tinha que falar com ele, que era importante.

Percebi que eu não fazia questão de passar ali o resto de minha vida. A única coisa que queria era ter matado meu genro. E perguntei:

— Quando vai ser o enterro dele?

O advogado suspirou, reparando na minha frieza, e comentou:

— Para sua sorte, ele não vai morrer. Já está fora de perigo. Apesar das seis facadas, nenhum órgão mais importante foi afetado. Sofreu duas cirurgias, de pulmão e estômago. Diga-me: o que lhe deu? Sempre foi um homem razoável, pelo que eu soube. Estou pensando em alegar problemas psiquiátricos temporários.

— Ódio, doutor. Eu sempre detestei aquele homem, desde o primeiro momento que ele entrou em minha casa como namorado de minha filha.

— É um bom marido e bom pai, declararam-me.

— Não é verdade, eles estavam separados.

O advogado sentou-se, olhando-me bem nos olhos e disse:

— Falei com sua filha e esposa. Interroguei-as longamente. Você sabia que sua filha gasta sem pensar que tem um orçamento limitado, como todos nós?

— Meu genro já tinha me dito isso. É mentira dele. O problema não é ela, é ele. Ele morreu?

Eu tinha a sensação de já ter feito aquela pergunta e não me lembrava da resposta.

O advogado se levantou, dizendo:

— Preste atenção. Não responda a nenhuma pergunta, você não está em condições. Vou pedir um laudo de insanidade.

Despediu-se de mim e saiu. Andei um pouco pela cela. Meu genro estava morto, nada mais me restava fazer. Senti como se tivesse cumprido todo meu papel.

Procurei a roupa suja que tinha estado a um canto da cela. Não estava mais. Olhei ao redor, pela milésima vez. Lembrei-me, confusamente, que o advogado afirmara que meu genro estava morto. Senti uma satisfação íntima maior.

Comecei a rir. Depois, um vazio enorme se fez dentro de mim. Senti que ninguém me compreendia e me dava razão. E assim, não vi mais motivo para viver.

O ódio, ao qual eu me entregara, tinha esgotado todas as minhas forças. Tanto físicas como psicológicas, pois o ódio é um sentimento corrosivo, desgastante e desarmonizador do espírito.

Com dificuldade rasguei o lençol, fazendo uma tira larga. Subi na grade com dificuldade também. Amarrei a tira firmemente no alto da grade, passando-a pelo meu pescoço, sem ter clareza de que aquilo era suicídio. Prendi no meu pescoço, dando um outro nó e olhei para baixo.

O piso me pareceu bem próximo. Ainda pensei: O que estou fazendo? Por que estou fazendo? E lembrei-me: eu tinha matado o marido de minha filha, ele merecia ser morto. Ninguém parecia entender o meu heroísmo e minha vida pareceu não ter mais sentido. Era como se eu tivesse nascido apenas para matá-lo. Pulei.

Não sei o que esperava. Talvez o nada ou um estado de sono. Senti uma dor enorme que pareceu repercutir em cada músculo. Uma dor prolongada. Eu quis sair daquele nó que eu mesmo tinha dado. Tentei tirar a tira do meu pescoço. Lutei com ela enquanto meus pulmões explodiam na dor do sufocamento.

Uma eternidade depois, me senti cair com um baque surdo. Olhei para cima e vi o corpo pendurado pelo pescoço. O rosto totalmente deformado, os olhos esbugalhados. Gritei. Gritei de novo. E novamente e novamente.

Sentia-me preso ainda aquele corpo que me parecia horrível, como se eu nunca tivesse feito parte dele. Senti movimento na direção da porta da cela. Olhei e um homem apavorado lutava para abrir a cela e gritava por um outro.

Mais dois vieram correndo. A porta abriu. Um segurou o corpo pelas pernas e tentou elevá-lo. O outro subiu pela grade, relativamente alta e cortou a tira do lençol.

A parte de cima do corpo caiu sobre o homem que o segurava e ele se desequilibrou por uns momentos, mas manteve-se de pé.

— Deus meu! Chamem um médico, ele ainda não morreu. Ele não pode morrer aqui – gritavam.

Em movimentos confusos, para mim, um outro saiu correndo. Enquanto isso, outros dois me colocavam sobre o catre e cortavam a tira passada no pescoço.

— Ele está morto! Ele está morto. Nada nos resta fazer.

— Ele não pode morrer aqui. Se morrer aqui é responsabilidade nossa.

— Mas morreu! Morreu!

Eu continuava caído ao chão. Um zumbido parecia ecoar dentro da minha mente.

— Meu Deus! Como vamos dar a notícia à família?

— O que ele fez?

— Tentou matar o genro.

Eu corrigi dizendo:

– Tentei não! Eu o matei! Tenho certeza de que o matei! Se há céu ou inferno, nós nos cruzaremos no inferno. Eu matei e estou feliz com isso. Muito feliz!

Ninguém parecia ouvir. Tive a sensação que não tinha dito nada, apenas pensado, pois o atordoamento, pela dor que eu sentia, parecia piorar.

– Temos que avisar à família que ele se suicidou. Por que as pessoas fazem coisas erradas e depois pioram as coisas cometendo suicídio?

Reparei que um deles massageava meu peito com vigor. Deu um tapão e afirmou:

– O que estou fazendo? Tem razão, ele está morto! Morto! Deus, tenha piedade da alma dele!

– Deus tem que ter piedade por todos nós.

O que tinha tentado me trazer de volta à vida, levantou-se, olhou ao redor e comentou, inconformado:

– Por que fazemos as coisas erradas e depois pioramos mais? Me diga!

O outro nada respondeu. Pegou o cobertor que estava aos pés da cama e cobriu meu corpo todo. Fez o sinal da cruz e saiu. O outro o seguiu corredor afora.

Somente nesse momento eu me levantei do chão. Olhei para as paredes e podia ver até a última delas, como se tivessem se tornado transparentes.

Andei de um lado para outro pensando: Quero morrer! Eu preciso morrer!

Foi nesse momento que ouvi um riso que pareceu ribombar dentro de minha mente. Procurei de quem vinha e não vi ninguém.

Mas uma voz possante alcançou-me, dizendo:

— Bem-vindo ao portal dos infelizes.

— Não sou infeliz. Fiz o que queria fazer. Acabou o motivo de viver para mim. Cumpri meu papel.

A voz novamente soltou uma risada sonora. Eu me mantinha perto do corpo. Percebi que estava sem outras referências, a não ser aquele lugar. Não conseguia lembrar-me de minha casa ou mesmo que existia uma rua fora daquele local.

Encolhi-me a um canto e olhei para o corpo coberto em cima do catre. Sentia-me como se não tivesse morrido. No entanto, percebi que minha garganta doía e muito.

Olhei para cima, na grade, e revi a cena de meu corpo sendo jogado e a dor que senti por todos os lados foi a mesma. Assustado, tirei meus olhos de lá. Eu sufocava. Tentei fechar os olhos e mesmo com essa sensação, tudo parecia estar à minha frente, como cena viva.

Alguns homens entraram. Um deles descobriu o corpo e sem delicadeza alguma o empurrou ao chão. Senti o baque como se eu ainda estivesse nele.

Rolou o corpo com o pé de um lado a outro, como se tivesse nojo de tocar. Gritou outra pessoa e essa veio com um pedaço de tábua larga e colocou ao lado do corpo.

Ainda com os pés, o mesmo homem rolou o corpo até que estivesse em cima da tábua. E dizendo um palavrão, ajudou a tirá-lo de lá, usando a tábua como maca.

Percebi que eu temia sair dali. Quando pensava na possibilidade, sentia-me como tremer de medo e encolhia-me mais ainda ao canto.

Olhei para a porta da cela aberta. Eu podia sair quando quisesse. Mas, o lá fora me dava terror imenso. Sentia como se eu, saindo dali, fosse cair diretamente em um precipício negro e nunca mais conseguir sair. Nesse momento eu temi meu conceito de inferno.

Quando amanhecia, creio eu, um faxineiro entrou com um balde e gritou a outro:

— Este pelo menos não fez sujeira. Detesto quando fazem sujeira. Outro dia um camarada cortou os pulsos. Mas quem foi limpar? Questionei: por que não se enforcou? Eu mesmo lhe arranjaria a corda para poupar-me.

O outro riu alto. Percebi que eu sentia frio. Olhei mais atentamente no homem e parecia que algo sujo flutuava junto a ele, acompanhando seus movimentos.

Passou o rodo com o pano por mim, eu não senti ser tocado, embora por reflexo me encolhesse mais ainda ao canto.

Ele continuou descrevendo outros casos e isso foi apavorando-me, gritei-lhe:

— Pare! Pare de me incomodar!

Ele não me ouviu e continuou. Quando, porcamente, acreditou que a cela estava limpa, gritou ao outro:

— Não te disse, lugar de enforcado se limpa rápido. Vou avisar. Já tem outro idiota para ocupar o lugar.

Ele saiu levando o balde e o pano de chão ainda enrolado no rodo. Eu tinha medo de olhar para a grade, um medo medonho que parecia ir aumentando. A dificuldade de respirar não cessava.

Vi quando um outro homem foi literalmente jogado na cela. Empurraram-no com tanta força que ele quase caiu ao chão. Um dos guardas, fechando a grade, disse-lhe:

— Tem medo de fantasmas? Pois tome cuidado. Ontem mesmo um se enforcou aqui.

Ele respondeu com um palavrão e o guarda saiu rindo. Reparei que parecia haver coisas ao seu lado. Ele reclamou em voz alta:

— Espero que tenham trocado o lençol.

Tinham. Pois o anterior eu havia rasgado. Mas o cobertor, que eu nem usara, mas tinham coberto meu corpo, parecia o mesmo.

Ele se jogou na cama e acomodou-se. Tentou dormir. Rolou de um lado a outro e não conseguiu. Levantou-se. Foi até a grade. Andou de um lado para outro. E voltou a deitar-se.

Fiquei olhando seus movimentos de animal enjaulado. Quando foi mais tarde um outro homem entrou na cela. Tinha um aspecto saudável e eu reconheci como advogado. Sentaram-se na cama e começaram a conversar. Aproximei-me, pois parecia que eu tinha dificuldade para ouvir.

Minha respiração parecia fazer barulho e meu pescoço, embora se mexesse, parecia quebrado. Eles diziam:

— Você tem que me tirar daqui essa semana.

— Nem em sonho! Sou advogado e não milagreiro.

— Dê um jeito. Compre quem puder. Quero sair logo, tenho negócios esperando.

O homem bem vestido que acabara de entrar, olhou para mim e comentou com o outro.

— Sinto arrepio. Já andei em várias celas durante esses anos de advogado. Mas aqui estou me sentindo mal.

— Depois você se sente mal. Agora vamos combinar um modo de eu sair daqui.

— Foi pego no flagrante. Milhões de testemunhas.

O que estava preso comentou, desconsolado:

— Todos temos dias de azar. Dizem que ontem um se enforcou aqui.

— O que ele tinha feito?

— Tentado matar o genro.

— Pobre homem! A religião condena o suicídio.

— Que religião!? A dos bacanas? Não vamos mudar de assunto. Quero sair daqui ainda esta semana.

— Pode esquecer! Já vai ser difícil você não pegar pena máxima.

— Não vou não! Você deve conhecer caminhos para me tirar daqui.

— Se pensa que vou esquematizar sua fuga, esqueça! Estudei muitos anos para conseguir meu diploma de advogado e não vou arriscá-lo por você ou por ninguém.

— O que são quatro ou cinco anos de escola se eu for condenado por trinta? Quero sair daqui esta semana!

— Flagrante. Não ouviu o que eu falei? Li o relatório. E todos os assaltos parecidos com seu estilo vão ser jogados para você.

— Azar! Azar! A casa parecia vazia. Olhei bem. Será que aquela gente não abre janela? Detesto viver no escuro.

O advogado olhou novamente para mim. Eu lhe disse:
— Estou com dor. Pode me ajudar?
Ele não me respondeu. Levantou-se da cama e disse ao outro:
— Aqui devia ter uma sala para que advogados não precisassem entrar nas celas.
— O que há? Tem consciência pesada também? Me tira daqui esta semana!
— Já te disse que é impossível. E vá se acostumando! Vai esperar o julgamento aqui.
— Tem que ter uma brecha ou eu vou fugir.
— Não piore sua situação. Eu soube, por trás das cortinas, que aquela casa é de um empresário vingativo. Ele procura você e já sabe.
— Está me dizendo isso só para me assustar.
— Não estou não. Colarinho branco nunca é preso nesse país. Vi sua ficha, o que fez da grana que ganhou no último roubo?
— Sei lá. Pareceu muita, mas gastei um pouco aqui, um pouco ali. E quando vi, já devia o aluguel.
O advogado deu de ombros e bateu na grade. Um dos guardas veio atender. Olhou para dentro da cela e observou:
— Eu preferia pena de morte a ficar aí.
— Não é tão ruim assim. – Observou o advogado.
— Eu me sinto mal só de me aproximar. Ontem um homem morreu aí.
— Eu soube.
— Dizem que os suicidas ficam presos ao lugar do suicídio.

— Conversa fiada. Ninguém sabe o que acontece depois da morte.

A grade foi aberta e eles seguiram conversando sobre meu ato. O homem que estava preso gritou um palavrão. Tinha aparentado estar calmo, mas estava extremamente ansioso.

Voltei para o canto onde estava. Ele correu até a grade e gritou:

— Doutor, traga alguma coisa para ocupar meu tempo.

Do fim do corredor o advogado gritou de volta:

— Você sabe ler?

— Claro! Fiz até a terceira série.

— Trarei. Mas vou cobrar, livro custa caro.

O rapaz disse outro palavrão. Ficou andando de um lado para outro. Fez um pouco de exercício. Lavou-se com a água da pia, enxugou-se com uma toalha velha, pois tinha alguns buracos, e deitou-se.

Eu parecia ausente do compasso de tempo. Não conseguia pensar em nada, a não ser sentir muita dor e apenas assistir ao que ele fazia. Não conseguia também pensar bem sobre o que tinha acontecido. Não parecia claro para mim.

A noite começou a vir. O jantar foi servido ao rapaz, senti fome também. Tentei pegar um pouco do alimento dele e não consegui. Minha falta de ar aumentou.

Ele acabou de jantar. Chamou o guarda e dando a bandeja pediu:

— Tem alguma coisa aí para me emprestar. Morro de tédio aqui.

— Vou ver. Talvez algumas revistas velhas.

O guarda disse isso, porém não trouxe nada. O rapaz deitou-se na cama, ficou quase imóvel de olhos no teto por algum tempo, depois se virou de lado e começou a chorar.

Eu me aproximei dele. Tentei dizer-lhe alguma coisa, mas minha voz não saia. Minha garganta parecia estar se fechando e a dor acentuando-se. Às vezes melhorava, às vezes piorava.

As luzes foram apagadas. Voltei a encolher-me no canto. Senti um frio enorme e ouvi muito choro. Choro de mulher e de outras pessoas pareciam me alcançar.

Eu não queria ouvir. Tapei os ouvidos e gritei que parassem. Eles não paravam e me torturaram a noite toda.

A manhã voltou. O rapaz sentou-se na cama e, olhando para o lado, observou em voz alta:

— Não vou ficar aqui! Detesto lugares fechados!

Ele se levantou. Foi até a pia, lavou o rosto e usou o urinol.

Logo uma parte da grade foi aberta para entrar a bandeja com o café da manhã. Novamente percebi que a fome me torturava também. Eu quis comer e sequer consegui pegar o pão. Isso me deu medo.

Minha capacidade de pensar parecia estar voltando, porém eu ainda não podia olhar para a grade, pois via meu corpo saltando e a dor no meu pescoço aumentava.

Depois de alimentado, o rapaz fez um pouco de exercício e jogou-se na cama. Tive a sensação de que ele iria chorar de novo. Não o fez.

Uma mulher chegou. Tinha um ar sofisticado, uma maquiagem muito forte para aquela hora da manhã. A grade foi aberta e eles se abraçaram. Ele sorriu e perguntou:

— Como conseguiu entrar?

— Tenho amigos. Esqueceu? Sou muito bem relacionada.

— Não faça isso. Eu te proíbo.

— É?! Como!?

— Dei-lhe dinheiro suficiente para viver sua vida sem prostituir-se.

— Já acabou, camaradinha. E você preso, eu tenho que voltar à luta.

Percebi que ele ficou irado. Virou o rosto para o outro lado e andou até a grade. Segurou forte as barras. Ela disse às suas costas.

— Quer algo? O delegado vai facilitar. Só não vai deixar entrar arma.

— Quero sair. Sair! Não suporto ficar engaiolado!

— Foi flagrante. Você não foi esperto dessa vez.

— Eles tinham as janelas fechadas a manhã toda. Pensei que não havia ninguém. Como ia adivinhar que a dona da casa estava com enxaqueca e não podia ver luz, e que a vizinha ficava de olho na casa. Deve ser uma tremenda fofoqueira.

— Calma, queridinho. Eu vim para ver se precisa de algo.

— Traga algo para que eu possa ocupar meu tempo.

Ela olhou em volta e comentou:

— Dizem que o tempo aqui dentro passa bem devagar. Que meia hora lá fora são cinco minutos aqui dentro.

— Bobagem! Traga qualquer coisa para eu ler. Livros interessantes, revistas.

O guarda bateu na grade, avisando:

— Moça, tem que sair.

Ela sequer tinha se sentado. Comentou:

— Não reclame, pelo menos está sozinho. É tão pequena que não cabe outra cama.

Ele não disse nada. Ela se aproximou dele e o beijou dizendo:

— Mando entregar. Vou agora mesmo comprar algo.

— Não gaste todo seu dinheiro.

Ela sorriu e saiu. Reparei que a moça parecia estranha. Aliás, percebi que todos que ali entravam pareciam estranhos, inclusive o rapaz.

Ele ficou conversando um pouco com o guarda. Pediu cigarros, o guarda não lhe deu, alegou que não fumava. O moço sentou-se na cama e ficou olhando a parede por algum tempo. Depois a grade por um longo tempo, e perguntou em voz alta:

— O que acontece depois da morte? Será que ficamos fantasmas? Será que fantasmas vivem entre nós?

Respondi:

— Eu estou. Não sei para onde ir. Não me lembro o que existe lá fora e tenho muito medo de ir verificar.

— Deus! Por que não tive chances na vida? Eu queria ser outra coisa. Mas sempre tive dificuldade em encontrar emprego.

Ele se calou. Andou de um lado para outro novamente. Depois tentou olhar pela abertura que ficava bem no alto. Não conseguiu.

Fez um pouco de exercício. Eu olhava, apenas olhava, ainda sentia dor. Mas elas pareciam amenizadas.

O guarda tornou a bater e o rapaz parou o que estava fazendo. Colocou-se de pé e o guarda, com algumas revistas na mão, lhe disse:

— Sua amiga lhe mandou.

O rapaz foi até ele e pegou sorrindo. Percebi que não agradeceu ao guarda. Deu dois passos e sentou-se na cama, colocando-as ao lado e pegando uma entre elas.

Aproximei-me para olhar. Percebi que ele apenas olhava as figuras e eu tinha dificuldade para ler, embora tivesse fluência na leitura.

De repente, algo começou a atingir-me. Era como um delicado bem estar. Saí de perto do rapaz e acomodei-me ao canto da cela. Ali fechei os olhos e tive a sensação de que a dor de minha garganta diminuía, que eu conseguia respirar com mais facilidade.

Aquele bem estar foi aumentando, aumentando, tive vontade de sair da cela. Mas tive medo. O que podia estar me esperando lá fora?

Depois de algum tempo cessou de me atingir. Mesmo assim continuei um pouco recuperado, já não sentia tantas dores. O rapaz ainda via a revista, alienado a tudo que acontecia.

Mantive-me imóvel, queria que aquilo que me atingira voltasse. Era como a sensação de um abraço que cura. Embora eu desejasse que acontecesse e esperasse por um bom tempo, não se repetiu.

Desisti de esperar quando chegou o almoço para o rapaz e deduzi que já era meio dia.

Ele reclamou da comida, disse que não gostava de alguma coisa que estava no prato. Mesmo assim alimentou-se com vontade. Percebi que eu também não sentia mais a sensação de fome.

Quando o guarda veio buscar a bandeja, o rapaz perguntou se estava sol ou chuva lá fora. O guarda respondeu, sorrindo:

— Um dia de sol radiante. Eu soube que hoje estão enterrando o suicida. Cuidado para ele não vir assustar você à noite. — Brincou.

O rapaz respondeu:

— Não tenho medo. Só vim saber dessas histórias de fantasmas quando já tinha mais de dez anos. Grande demais para acreditar.

— Ninguém nunca lhe contou histórias infantis?

— Meus pais estavam preocupados demais com a sobrevivência para terem tempo. Sabe lá o que é criar dez filhos?

— Não! Eu não sou louco de deixar minha esposa ter dez. Três já é demais, na minha conta.

Foi nesse momento que comecei a recordar que eu tinha dois filhos. A figura de Mariana surgiu nitidamente à minha mente e de meu genro também. Senti uma certa alegria ao recordar que eu o tinha matado. Ainda me senti como um pai destemido na proteção da filha.

Tive vontade de participar da conversa, contar o meu ato heróico, mas não consegui, pois ninguém me ouvia. E eu parecia tão lento que não processava bem essa informação. Era como se minha mente, parte dela, tivesse se apagado. E alguns trechos somente viessem ao consciente.

O rapaz voltou a sentar-se na cama e pegou outra revista. Eu me sentei ao lado dele. Percebi que ele não lia quase nada, pois começou a soletrar bem baixinho uma ou outra letra com total dificuldade. E eu estando bem perto do ouvido dele li a frase: "A aventura desse homem destemido...".

Ele sorriu ao pensar que tinha lido. Repetiu várias vezes com alegria. Mas sozinho não conseguiu ir em frente. Mantive-me calado. Ele jogou a revista longe. Tive certeza de que ele não sabia ler. Pegou outra, que tinha mais figuras e voltou a ficar olhando-as. Não tentou ler mais.

Fiquei ao seu lado, olhando com ele as revistas e sentindo-me tão preso quanto antes. Sendo apenas assistente do que ele fazia.

Certa noite, comecei a sentir muitas dores. Minha garganta fechou-se completamente. Eu não conseguia respirar. Senti que alguém me enviava alguma coisa. Não conseguia precisar. Comecei a gritar: "Pare! Pare! Está me matando!"

De dor, eu rolava no chão. Sentia-me sufocar como se alguém tivesse passado novamente a tira pelo meu pescoço e apertasse com força. Era como se eu lutasse contra essa pessoa para não morrer.

A sensação de que alguém apertava meu pescoço só parou quando ouvi a voz do rapaz gritando:

— Guarda! Guarda! O que está acontecendo?

Eu ainda estava estendido no chão, tentando absorver o ar. Respirando com muita dificuldade.

— Nada!? O que foi?

— Ouvi gritos horríveis. Estava dormindo e ouvi gritos horríveis, como se estivessem lutando. Acordei assustado. Pensei até que tinham colocado mais alguém aqui.

O guarda olhou para dentro da cela como a procurar algo. Eu lhe pedi:

— Ajude-me! Por favor, ajude-me!

— Eu não ouvi nada. Você, me chamando desse jeito, acordou todo mundo. Inclusive a mim. Teve pesadelos. É isso. Você teve pesadelo.

— Pareceu real, tão real que parece que ainda posso ouvir.

— Não me aborreça! Todos têm pesadelos aqui.

Embora eu continuasse pedindo que me ajudassem, ninguém fez nada. A luz foi de novo apagada, e eu saí do chão. Tive medo que me atacassem novamente. Senti o rapaz sentar-se na cama e me acomodei ao lado dele, como se ao lado dele eu estivesse salvo.

O medo me rondava, piorava meu estado. Parecia que eu respirava alto e com muita dificuldade. Meu corpo todo doía fortemente.

Depois de algum tempo o rapaz afirmou em voz baixa:

— Vou ficar louco aqui dentro. Vou ficar ouvindo coisas e saio daqui para um manicômio. Nunca mais volto a ser o mesmo.

E dizendo isso, ele deitou-se esticando-se todo. Eu me mantive ao lado dele, estava muito assustado para me afastar um milímetro sequer.

A noite passava. Eu o ouvi roncar. Desejei que aquele bem-estar, que tinha me dado alívio, voltasse a mim. Não veio.

Continuei me sentindo mal, muito mal. Respirar doía-me e o ar não me satisfazia.

O dia amanheceu. Eu via, como nos outros dias, os primeiros raios de sol entrar pela fresta, a qual davam o nome de janela. E foi nesse minuto que vi o marido de minha filha, de pé, no centro da cela.

Tive tanto medo que comecei a gritar para ele sair. Tive certeza de que tinha sido ele quem tentara me sufocar naquela noite mesmo.

Ele olhou ao redor, como quem procura por algo. Pareceu não me ver. Depois, como tinha aparecido, sumiu. Senti alívio. Eu estava aos pés da cama, todo encolhido de medo e dor.

Fiquei com meu olhar fixo, onde tinha visto meu genro, com medo de que ele aparecesse de novo e pulasse sobre mim vingando-se de sua morte.

O rapaz acordou. Fez suas necessidades matinais. O café da manhã chegou, ele reclamou do pão estar envelhecido. O guarda o mandou calar a boca.

Mal tinha devolvido a bandeja e o advogado apareceu. A primeira coisa que fez ao entrar na cela foi o sinal da cruz. O rapaz riu muito, perguntando-lhe:

— Por que faz isso?

— Quero me proteger de qualquer coisa ruim que aqui possa estar. Vê essa santinha, foi minha mãe quem deu. Eu não tiro do meu pescoço de jeito nenhum e todo dia, antes de entrar em qualquer cadeia, eu verifico se está comigo. — Comentou ele, tirando de debaixo da camisa uma corrente com uma medalha, a qual eu não vi que imagem de santo continha.

— Bobagem! Pura bobagem! Quando vou sair daqui?

— Esqueça que vai sair ileso. Já te disse que vai pegar uns anos de cana. Mas vai ficar aqui até o julgamento. Depois é penitenciária. Cana no duro. Cara, você assaltou muito e gente influente.

— O que queriam? Que eu assaltasse casa de pobre? Para quê? Pobre não tem nada, nem alma.

— Deixou-se pegar. Mas é do descuido dos desonestos que nós, advogados, vivemos. Não posso reclamar.

— O que veio fazer aqui se não trás nada de novo?

— Mal agradecido. Vim lhe trazer alguns livros.

— São bons?

— Não sei. Para falar a verdade nem os vi. Estou sem tempo, minha esposa comprou, pedi a ela. Vim ver outro cliente e os trouxe para você.

E dizendo isso, ele abriu a pasta e tirou um embrulho, dando ao rapaz.

— O que fez seu outro cliente?

— Fez pior. Foi assassinato. Matou por ciúme. Gente estúpida! Parecem não entender que assassinato é pecado. Mas o que seria de minha profissão? Existem coisas que é como defender o indefensável. Um homem frio. Não sei se o defenderei. A família dele me contratou, aqui mesmo, outro dia, quando eu já saía. Depois dessa entrevista, não sei não.

— Cobra grana alta. Assim vai valer a pena.

— Vou ver. Vou acrescentar essa despesa nos meus honorários. Não sou Papai Noel.

— Não existe Papai Noel, se existisse não haveria tanta gente carente.

— Não chora, não. A maior parte da gente pobre consegue vencer na vida sem roubar. Mania que vocês têm de bancar o coitadinho injustiçado da sociedade.

— Não sou coitadinho e não quero ser. Cai fora! Não me enche que tive uma noite de cão!

— Mal agradecido! — Disse o advogado pedindo para o guarda abrir a cela e saindo.

Às suas costas o rapaz agradeceu os livros. Pensei, apesar de meu mal-estar: "O que vai fazer com os livros? Não sabe ler."

O rapaz abriu o pacote, pegou um dos três livros que ali continha e folheou rapidamente, comentou em voz alta:

— Não tem figura!

Repetiu isso umas três ou quatro vezes, e eu senti pena dele. Olhei pela abertura alta e tive medo que meu genro aparecesse e novamente tentasse me matar.

Na confusão mental que eu estava, não percebia que meu estado era atípico. Era como se minha mente não processasse bem as informações.

O rapaz colocou os livros do lado e pegou as revistas pela décima vez e voltou a folheá-las. Aproximei-me dele e comecei a ler em voz alta. Desta vez, ele pareceu não perceber, senti que estava irado. Jogou uma contra a parede e gritou vários palavrões.

Senti medo que me atacasse. Por isso saí da cama e me encolhi bem ao canto da parede. Minha garganta começou a doer mais e eu a sentir mais dor pelo corpo.

Olhei de relance para a grade e revi a cena de meu enforcamento. Gritei e encolhi-me mais. Tentava fechar os olhos a tudo e não conseguia.

O guarda aproximou-se e os dois começaram a conversar. Fiz força para prestar atenção na conversa, o guarda dizia:

— O tempo não passa nem para vocês aí dentro e nem para nós aqui fora. Quando estou de folga parece que mal amanhece e já anoitece. Mas aqui dentro é eternidade.

— Não me fale dessas coisas. Esse tédio me mata.

— Seu advogado te trouxe livros. Eu vi a autorização. Leia.

— Quem disse que eu sei ler?

— Tenho visto você ler revista.

— Tem visto eu ver as revistas. Tenho vergonha de dizer que não sei ler. Nem sei por que estou te contando. Mal completei o primeiro ano primário. Sabe cara, eu não gostava da escola. Ia cansado para ela depois de vender balas na rua desde bem cedo e depois de sair dela, até tarde da noite.

— Você não teve pai e mãe?

— Não! Meu pai era um vagabundo. E dez filhos nas costas de um só era um sufoco.

O guarda deu de ombros e afastou-se. Eu continuava mais do que encolhido, como se tivesse medo de me mexer e aumentar a dor.

O rapaz olhou para a grade. Não acompanhei seu olhar, eu tinha medo, ele disse:

— Se eu perceber que não tenho esperanças de sair livre, me mato. Não vou viver aqui para o resto da minha vida, não.

Eu pensei sem dizer:

— Não faz isso! Não faz! Você ficará aqui para sempre, com dor, com medo e sem saber para onde ir.

O tempo parecia continuar parado. Toda vez que a cela se abria eu tinha medo. O ranger da grade me fazia lembrar que meu corpo parecia estar sempre sendo jogado.

Certa noite, enquanto o rapaz dormia e eu continuava lá, encolhido a um canto, uma mulher apareceu. Ficou olhando-o durante algum tempo. Depois se virou para mim e sorriu.

Tive medo dela e vontade de correr. Olhei para a janela, perguntando-me por onde ela tinha entrado, pois eu tinha certeza de que a grade não fora aberta.

Ela deu dois passos e chegou mais perto de mim, perguntando:

— O que faz aqui?

— Quem é você? — Perguntei, sentindo-me ansioso, sem lhe responder.

— Sinto-me mãe dele ainda.

— É ou não mãe dele?

— Direi que sou, ainda me sinto assim. E o sentimento é o que importa.

Estranhei a resposta. Ela se voltou novamente para o rapaz que dormia, dizendo-me:

— Ele sofre aqui trancado. Mas precisa estar. Tem instintos prejudiciais a ele e a sociedade. Não aprendeu a controlá-los, apesar de meus esforços.

— Ele não teve chance de estudar. Vendia balas e ia para a escola cansado, nem fez o primário. É uma vítima.

— Não há vítima. É verdade, teve uma vida dura. Mas eu também tive e meus outros filhos, e nem por isso enveredaram pelo mau caminho. Só ele. Mas eu sabia o risco quando o aceitei como meu filho.

— Tive dois filhos. E sinto saudade de minha família. Estou aqui porque matei meu genro. Ele era mau, fazia minha filha sofrer. Fiz por ela, e ela nem vem me visitar.

A mulher olhou-me longamente estranhando o que eu falava, o que para mim parecia lúcido.

Ela se aproximou mais um pouco e ficou me olhando durante algum tempo. Eu queria contar-lhe a história triste de minha vida. Falar como era mau meu genro e como ele judiava de minha filha e de meus netos. Mas alguma coisa me fez ficar quieto. Tão calado que até meus pensamentos pareciam ter cessado.

Depois de algum tempo ela me disse:

— Por que não sai daqui? Há muito o que fazer lá fora.
— Tenho medo de tudo lá fora.
— Não tenha. Se quiser eu posso ajudá-lo.
— Você não pode ajudar a ninguém, se pudesse tirava seu filho daqui. Ele detesta estar aqui dentro.
— Sei que detesta. Mas precisa estar. Não consegue ter lucidez de pensamento e saber o que é certo e errado. Eu ensinei. Insisti e ele não aprendeu.
— Ele é vítima das injustiças da sociedade. Assim como eu.
— Eu já lhe disse que não há vítima. Tive dez filhos e somente ele enveredou por caminhos desastrosos. Olhe, tenho dois deles que são advogados. Um outro estuda medicina e não é fácil. Trabalha desde a madrugada e até tarde da noite estuda. É um dos melhores alunos da sala. Tenho certeza de que vai ser um médico dedicado e brilhante.
— Mas eles também vendiam balas para viver?

Ela balançou a cabeça afirmativamente. Eu julguei, na hora, que ela devia ter vergonha de me confessar isso. Dez filhos era demais. Ela continuou:

— Viemos com essa tarefa, de cuidar dos dez. Meu marido abandonou a luta. Deixou-me sozinha, cumpri minha parte, eu também trabalhava em dois empregos. Sem sábado ou domingo. Muitas noites chorei sem que ninguém visse. Pensava que não teria forças. Tive. E dou graças a Deus por isso. Venha. Você pode sair daqui.
— Não quero! Não quero! Matei meu genro e devo manter-me preso. Ele mereceu e ninguém entendeu isso.
— Preciso ir. Vim apenas ver meu filho, ele não me reconhece, mas eu a ele, sim. E isso é o que importa.

— Por onde vai sair? Está noite e é proibido visitas.

Ela sorriu e respondeu:

— Pelo mesmo lugar em que entrei e você poderia ir, se quisesse. Não há paredes, nem prisões para quem quer ser liberto. Venha!

Encolhi-me mais ainda no canto e abaixei meu olhar. Eu não queria ver a saída, pois não queria sair dali. Percebi que eu tinha medo dela e toda vez que eu ficava ansioso ou com medo, começava a sufocar.

Amanheceu o dia. O rapaz sentou-se na cama. Olhou ao redor e espreguiçou-se. Lavou o rosto na pia imunda que havia.

Logo vieram trazer-lhe alimento. Ele falou ao guarda:

— Sonhei com minha mãe. Não é engraçado? A desgraçada morreu não faz três anos.

— Não devia falar assim dela. Boa ou má, foi sua mãe.

— Não quero pensar nisso. Me dá meu café!

— Deus condena os filhos que falam mal dos pais.

— Ele devia ter me dado pais ricos, muito ricos. E eu teria carrões, mulheres lindas, viajaria para o estrangeiro. Ah! Isso sim seria vida. E eu não estaria nessa encrenca.

O guarda sorriu, dizendo-lhe:

— Você está enganado. Na conta do quero mais, nunca há dinheiro que chegue. Até algum tempo atrás esteve preso aqui um bam-bam-bam. Cheio de grana, mesmo assim dava golpes no mercado. Foi condenado, roubou gente mais rica do que ele, e quando isso acontece, rico não leva desaforo para casa, nem de outro rico. Pegou dez anos de cadeia. Estelionato.

– Esse não sabia viver.

O guarda afastou-se sem observar mais nada. O rapaz alimentou-se e colocou a bandeja perto da grade. Eu evitava olhar para ela, tinha medo terrível, como se ela pudesse me fazer mal.

Pegou um dos livros e deu uma folheada rápida, falou um palavrão, reclamando, novamente, que não tinha figuras. Pensei: Eu sei ler muito bem, posso ensinar.

Mas ele não me ouviu, lógico. Jogou o livro no chão e deitou-se na cama, esticando-se todo e dizendo em voz alta:

– Que saco! Não tenho um parceiro nem para um jogo de cartas.

Logo depois o guarda passou de volta, chegou perto da grade, dizendo:

– Olhe, tem uns otários aí que se dizem voluntários de alguma coisa. O diretor me mandou perguntar se você quer ter aulas.

Ele se sentou animado, perguntando:

– Aulas de quê?

– De mecânica, creio que é isso. De vez em quando aparece uns malucos assim. Querem dar um jeito, educar o que não tem jeito.

– Se fosse de engenheiro eu queria. Mecânico eu não quero ser, se quisesse já tinha entrado para essa carreira. Mas viver sujo de graxa não faz sucesso com as mulheres. Tô fora.

– Pense bem. Seria a chance de você sair um pouco, falar com alguém, ver gente. Aprender alguma coisa. Ninguém sabe o dia de amanhã.

— É. Você pode ter razão. Mas vão me obrigar a colocar a mão na graxa. Devem ser exploradores. Fico aqui. Já estou me acostumando a ficar.

— Tenta. Quem sabe você sai daqui e assim vai ter uma profissão.

— E alguém dá emprego a quem já foi preso?

O guarda deu de ombros. Fiquei olhando para o rapaz e a imagem que eu tinha dele, de vítima, diminuiu um pouco.

À tarde o advogado dele apareceu, e eu pensei, a mãe dele disse que tinha dois filhos advogados, por que eles não vêm defender o irmão?

Conversaram e o advogado lhe deu instruções. Percebi que o rapaz não ligava a mínima para as instruções.

Foi nesse momento que vi, chegando perto dele novamente a mulher. O rapaz levantou-se de um pulo, o advogado perguntou:

— O que foi? Pulga?

— Sei lá. Parece que entrou mais alguém.

_ Preste atenção ao que estou lhe dizendo. Seu irmão me deu todas as instruções.

— Já entendi! Já entendi!

— Se você falar o que não deve, quem vai pagar é você. Por isso preste muita atenção.

— Está bem! Esta bem! Eu já sei o que vou dizer.

O advogado, percebendo que o rapaz não prestava a mínima atenção ao que ele dizia, chamou-lhe mais algumas vezes a atenção.

A mãe, que estava ao lado me disse:

— Ele sempre é assim. Não tem maturidade, tantas vezes eu tentei. O que posso fazer mais?

— Deixá-lo em paz. — Observei incomodado.

— Você também quer manter-se aqui, não é?

— Não tem nada a ver com isso! — Respondi grosseiramente.

Ela me olhou longa e tristemente e comentou em voz baixa:

— Não perca seu tempo entregue a ódios e a atos falhos. Eu posso ajudá-lo. Muitos querem ajudá-lo.

Virei meu rosto e parei de olhá-la. O advogado dava as últimas instruções ao rapaz. Levantou-se e pediu para a cela ser aberta, saindo.

O rapaz voltou a deitar-se. Eu me aproximei dele e lhe disse:

— Sua mãe esteve aqui novamente. Ela tem vindo te ver. Eu vejo e você não. Por que?

O rapaz não me ouviu. Esticou um dos braços e pegou ao acaso um dos livros que estavam no chão. Sentou-se na cama. Sentei-me ao lado dele, ele começou a folhear o livro rapidamente novamente. Eu lhe pedi:

— Faça devagar. Eu quero ler.

Repeti isso umas três vezes e ele voltou ao começo e abriu na primeira página. Percebi que tentava ler com atenção, mas não sabia. Eu me concentrei na primeira palavra e ele com dificuldade a leu. Sorriu. Foi para a segunda, para a terceira.

Percebi que eu bem concentrado podia transmitir-lhe o vocabulário. Passamos o resto da manhã na tentativa de ler a primeira página.

Quando ele chegou ao fim, voltou ao começo da página e as palavras que tinha esquecido, eu retransmitia a ele.

Á tarde a luta foi contra a segunda, a terceira e a quarta página. Quando pensei que ele ia embalar, jogou o livro contra a parede, dizendo a si mesmo:

– Quem precisa aprender a ler? Eu não quero ser doutor!

E dizendo isso voltou a deitar-se preguiçosamente na cama. O livro ficou ali, jogado do jeito que tinha caído.

Eu me senti entristecer. Fui ao canto que ocupava e ali fiquei, olhando para o livro que parecia estar tão triste quanto eu.

Poucos minutos depois o guarda apareceu na porta e comentou com o rapaz:

– Estou pegando o nome para o curso. É a última chance. Vai ou não querer fazer?

O rapaz mal levantou a cabeça e respondeu:

– Nem morto! Se eu sair daqui vou dar um golpe grande e depois me aposentar para sempre.

O guarda sorriu, comentando:

– É o sonho de todo vagabundo. Mas acabam aqui. Sempre acabam aqui. Já tivemos uma quadrilha inteira que roubou banco. Estão na penitenciária puxando trinta anos cada um. E grana que é bom, tiveram que devolver toda. Sempre tem um que confessa o paradeiro dos outros.

– Vou dar o golpe sozinho. Sem traições, sem alcaguetes!

– Sonha! Cada um sonha com a realidade que quer ter. Vai ou não fazer o curso?

 72

— Pô cara, não entendeu ainda? Não vou não! Não nasci para sujar unhas de graxa.

O guarda afastou-se e eu senti que ia perguntar aos outros, que estavam em outras celas.

Fiquei pensando que era uma boa chance. Eu conhecia um mecânico que tinha até um bom pé de meia. Trabalhava bem e era muito honesto. Tinha uma casa decente e vivia bem com a família.

O rapaz ficou deitado, olhando o teto e eu olhando para ele. Era como se nós dois tivéssemos medo de sair dali. Medo do que havia dentro de nós.

Certa tarde, ele saiu e não mais voltou. Fiquei sozinho, encolhido no canto como costumava ficar.

Mas a mãe dele apareceu no meio da noite. Assim que eu a vi, lhe disse:

— Seu filho não voltou. Acho que não vai voltar.

— Eu sei. Ele foi condenado. Foi para a penitenciária. Voltei aqui por você. Vim mais uma vez pedir para que me acompanhe.

— Não é minha mãe.

— Eu posso procurá-la. Se ela vier, você sai?

— Por que se incomoda?

— Porque sei que sofre, perde seu tempo aqui e se arrependerá.

Desviei meu olhar. Eu não queria sair dali, tinha medo. Quando voltei a olhar, ela não mais estava. De certa forma me senti aliviado.

No dia seguinte, um guarda tirou os livros e revistas que o rapaz havia deixado. Folheou alguns e disse para si mesmo:

— Se todos lessem esse e prestassem atenção, a cadeia estaria vazia.

Nem cheguei perto para ver qual era. Ele retirou também o lençol e o cobertor e saiu deixando a cela aberta. Eu queria olhar para ela, pois sentia que estava aberta, mas tinha medo, muito medo do lá fora. Não conseguia imaginar estar em um local melhor.

É lógico que o remorso já se concretizava dentro de mim e era disso que eu tinha medo. Que ele emergisse mostrando o quanto eu estava errado. Por isso me fechava a ajuda e a necessidade de reconhecer o erro. Sim. Eu não queria reconhecer o erro e por meandros que somente nossa mente mal usada consegue, eu não tinha clareza de pensamento e nem de ação. Encolhi-me ainda mais no canto e ali fiquei sem ter consciência que o tempo passava e minutos se transformavam em horas preciosas, perdidas de um modo que jamais recuperaria.

Um outro homem, que resistia muito, foi jogado por dois guardas dentro da cela. Ele xingava muito, palavrões que eu nem sabia que existiam.

Como ele não parava, os guardas mandavam-no calar a boca. Ele insistia. Depois de algum tempo, quatro guardas vieram e abriram a cela. Dois entraram e deram-lhe algumas bordoadas com os cacetetes. O homem finalmente calou-se. Mas eu sentia que ele estava irado, tremendamente irado.

Jogou-se na cama blasfemando em voz baixa, xingando os guardas e mais uma pessoa. Depois se virou para mim, como se pudesse me ver e xingou mais um pouco. Mas em um tom que os guardas não podiam ouvir.

Eu estava com muito medo dele, por isso me encolhi mais ainda. Ele me parecia alto, forte demais e eu tinha a sensação que podia me ver.

Esse medo desencadeou-me a sensação de falta de ar, comecei a passar mal. Muito mal. Pedi ajuda e ninguém parecia me ouvir. O preso andava de um lado para outro tão irado que eu tinha a sensação de que, com sua raiva, poderia estourar todas as paredes, se quisesse.

O alimento veio. O preso reclamou, fez comparações nojentas com a comida. O guarda ameaçou que se ele não ficasse mais calmo ficaria sem a alimentação no dia seguinte.

Ele se calou. Mas mal tocou na comida. Eu queria sair dali, pelo medo que aquele homem me proporcionava. Porém, toda vez que eu pensava sobre isso, parecia que lá fora eu só encontraria trevas, pois na minha consciência eu não conseguia pensar que existia todo um mundo lá fora, nem a realidade que eu já vivera.

A noite chegou. O homem passou-a sentado na cama, entre cochilos entrecortados. Eu tinha certeza de que a raiva que ele sentia não o deixava dormir.

Mesmo assim, a mãe do outro rapaz apareceu. Chegou perto de mim, eu me encolhi, ela me disse:

— Você não está bem. Confie que eu posso ajudá-lo.

— Não quero sair daqui! Deixe-me em paz!

— Venha! Podemos fazer muito por você.

— Não a conheço. Se pudesse fazer algo, faria por seu filho. Ele deve estar na penitenciária. Foi condenado.

— Quanto a isso não posso fazer nada. É preferível do que ele continuar errando e errando, cometendo barbaridades lá fora. Levando na consciência o peso de muitos crimes. Venha!

Eu me levantei. Meu corpo doeu. Ela me estendeu a mão e eu recusei, dizendo:

— Não é minha mãe. Não é minha parenta.
— Podemos ser amigos, não podemos?
— Eu não quero!
— Preste atenção. Quando quiser ajuda, chame-me.
— Sequer sei seu nome.
— Pense em mim. Onde eu estiver, largarei tudo para vir auxiliá-lo.

Eu não acreditei. Sequer a conhecia e queria ficar ali. Olhei para o homem que, sentado na cama, parecia muito irado ainda. Tive medo dele novamente e uma pequena vontade de ir apareceu-me. Mesmo assim preferi ficar.

Ela também olhou para ele e eu pensei: Vá ajudar seu filho, se pode fazer alguma coisa, ajude seu filho a sair.

Ela se virou para mim, olhou-me tristemente desaparecendo.

Voltei a encolher-me no canto. Deduzi que eu gostava mais do preso anterior, ele me parecia menos ameaçador.

No dia seguinte, o homem dormiu praticamente o dia todo. Parecia mais calmo e eu relaxei um pouco mais, meu sufocamento diminuiu.

A tarde ele foi retirado. Porém, logo depois entrou outro. Um homem magro, esquelético, com ares de doente. Entrou calmamente. Agradeceu ao guarda e eu estranhei a antítese do comportamento.

O guarda lhe disse:

— Lastimo ter que trancá-lo aqui.

— Não se preocupe. Tudo tem um motivo útil. Tenho uma fé em Deus e em seus desígnios inabaláveis.

— Tenho certeza de que seu advogado vai facilmente provar que foi calúnia.

— Se não provarem também não tem importância. Sempre procurarei ser útil. Quem sabe aqui eu também não consigo salvar algumas almas.

Tranquilamente ele se sentou na cama. O guarda ainda lhe disse:

— Padre, reze por mim e por minha família também.

— Claro, eu não deixaria ninguém de fora. Orarei por todas as almas que aqui habitam.

O fato do guarda tê-lo chamado de padre fez com que eu me surpreendesse. O que um padre fazia preso dentro de uma cadeia?

Assim que ele se viu sozinho, ajoelhou-se no meio da cela e colocou-se a rezar, mas não conseguiu se concentrar. Logo se levantou lastimando-se não ter conseguido.

Sentou-se na cama, que tinha tido a roupa de cama recentemente trocada, e recostou as costas na parede. Olhou em volta e lágrimas começaram a rolar de seus olhos. Senti tristeza profunda por ele. Eu tinha vontade de gritar, ele é inocente!

Só pode ser inocente! Não o fiz. Mantive-me encolhido no canto, como um cão amarrado e deprimido.

Logo nas primeiras horas do dia seguinte, um advogado veio vê-lo. Esperaram o guarda, que tinha aberto a grade sair e começaram a conversar. O advogado dizia:

– Li a acusação. O depoimento está confuso.

– Sempre tratei a jovem como se fosse minha filha. Nunca faria mal a ela. Se ela está grávida, não é meu. Dou minha palavra de homem e sacerdote que não é meu. Nunca toquei nela.

O advogado suspirou, dizendo:

– Eu o conheço. Conheço também sua conduta. Mas a jovem é menor. O juiz não teve opção, padre. Lastimo. A comunidade é pobre e há alguns que querem sua condenação. Sabe que aqui está mais seguro.

– Fico pasmo. Como uma comunidade que ontem era minha amiga, por uma calúnia dessa, logo muda. Perderam a fé em mim e em minha honra.

– Fique tranquilo. Em dois ou três dias estará fora daqui. Mas vai precisar ser transferido de comunidade.

– Isso eu não aceito. Não fiz nada e nada tenho que me envergonhar. Vou voltar de cabeça erguida. Ela mal tem dezesseis anos, com certeza está confusa. Relacionou-se com alguém mal intencionado. Talvez o tema. Deve ser isso. Ou teme a ira do pai.

– Não consegui falar com a jovem ainda. Os pais dela não permitiram. Eu tenho a nítida sensação de que a mãe dela sabe a verdade, pois foi quem mais ficou irada com minha presença.

Está marcado para virem os três aqui, refazerem os depoimentos, pois existem muitos pontos controversos.

— A mentira nunca é perfeita, graças a Deus! Estou triste por ver como o ser humano pode caluniar, não posso negar. Faça o que puder para abreviar minha estada aqui, porque esse pecado não cometi. Mesmo assim tenho fé em Deus que serei útil.

— Desculpe por não conseguir ser mais rápido. Essas coisas sempre causam escândalo e as pessoas sempre deduzem que o reclamante é a vítima.

O advogado levantou-se do canto da cama, onde havia se sentado. Olhou ao redor, comentando:

— A última pessoa que pensei ver aqui dentro era você, padre. Tanto bandido lá fora. Lastimo! Como lastimo!

— Não lastime. Deus escreve certo por linhas tortas.

O advogado pediu para o guarda abrir a cela e saiu. O padre andou um pouco por ali, como se medisse o espaço em passos. Olhei-o e lhe disse:

— Padre, estou aqui. Tenho medo do lá fora.

Ele não me ouviu. O guarda aproximou-se da grade e começou a conversar com ele, dizendo:

— Padre, quer alguma coisa? Posso trazer-lhe água fresca, a água aí da torneira deve estar quente.

— Não! Eu lhe agradeço. Não se preocupe comigo. Estou bem, pois minha consciência está limpa.

O guarda sorriu e retirou-se.

Logo a hora do jantar veio. O padre mal se alimentou, e tirando uma parte da roupa, deitou-se. Logo me pareceu dormir.

Cheguei perto dele. Ele parecia limpo, diferente dos outros presos que ali haviam passado. Tive vontade de tocá-lo. Não o fiz. Pedi que rezasse por mim.

Senti um movimento atrás de mim e olhei, uma jovem estava parada no meio da cela e dizia chorando:

— Padre, perdoe o que fiz. Eu não queria fazer. Meu pai me obrigou.

Mal ela disse essas palavras e a figura do padre, parecendo vir de fora, olhou-me estranhando minha presença. Mas a moça chorava e ele voltou sua atenção a ela.

Olhei para o corpo dele que continuava imóvel, deitado na cama. Ele disse à jovem:

— Qual o interesse dele em acusar-me?

— Dinheiro, padre. Ele teve certeza de que o senhor pagaria para abafar o escândalo.

— Ele me procurou, ameaçando. Eu nada fiz. Não tenho por quê me deixar chantagear. Afirmei isso a ele com todas as palavras. Confesse a verdade, assim sua alma ficará em paz.

— Não posso. Estou grávida, sim, não é mentira.

— Mas não é meu. Nunca toquei em você e a batina que visto honra-me.

— Padre, por que não pagou a ele? Tem uma família rica, todos sabemos que será herdeiro de uma fortuna.

— Não posso deixar me corromper, prefiro a prisão. Não posso cooperar com o crime e seria isso que eu faria se me deixasse chantagear.

Ela chorava compulsivamente e o padre continuou tentando acalmá-la.

– Não chore. Volte e fique em paz. Mesmo que tema seu pai, seja forte e conte a verdade, pois me prejudica muito. Não quero sair da comunidade que aprendi a amar e respeitar. Sei que todos têm dúvidas agora e eu os perdôo por isso.

– Padre, tenho muito medo de meu pai. Se eu falar a verdade, que estou grávida de um dos vizinhos, ele me mata.

– A verdade às vezes custa caro. Logo você será uma mulher adulta. Agora eu a vejo apenas como uma criança crescida. Mas adulta deverá sempre dizer a verdade, mesmo que isso lhe custe.

– Padre! Padre! Perdoe-me!

– Peço: diga a verdade e peça proteção a justiça dos homens, porque da de Deus nem precisa pedir. Ele sempre concede como benção.

Ela desapareceu. Ele me olhou e perguntou:

– Quem é você, e o que faz aqui?

– Matei meu genro e depois...

– Está morto! Há um lugar para os mortos, não interessa como morreu. Deus tem um lugar de consolo para todos, do contrário não existiria o perdão.

O modo de ele falar era brando. Olhei para seu corpo e não entendia como podia existir dois dele. Um dormindo e o outro conversando comigo. Tive medo e voltei a me encolher no canto.

Ele se aproximou de mim, perguntando:

– Nunca vieram tentar levá-lo?

– A mãe de um dos presos sempre vem Não quero ir. Tenho medo do lá fora.

— Se quiser eu posso ajudá-lo.

— Não! Não quero ir! Quero ficar aqui!

— Vejo que não passa bem. Por que quer ficar?

_ Quero ficar! Quero ficar! – Falei apavorado, com medo de que ele tivesse poderes de me tirar dali.

Ele nada fez. Virou-me as costas e, aproximando-se do corpo, acoplou-se nele novamente. Acordando em seguida e mantendo-se acordado pelo resto da noite, enquanto eu o ficava observando.

Na manhã seguinte, duas senhoras chegaram logo cedo. Uma delas, assim que se aproximou da cela, disse a outra:

— Credo! Esse lugar me dá arrepios! O diabo deve morar aqui.

— Controle-se! – Censurou a outra.

O padre as olhou se aproximarem e não senti nele prazer, apenas preocupação.

— Padre, soubemos o que aconteceu. Conte-nos o que houve para que possamos tomar partido. Eu e as senhoras temos certeza de que a jovem é apenas uma leviana. Queremos estar ao seu lado. Mas nos conte. Ela o seduziu, foi?

O padre olhou para os lados, pensou um pouco antes de responder e lhes disse:

— Calma, dona Carmela. Eu não tenho nada a contar, pois nada fiz. E a jovem, tenho certeza, não é leviana. Apenas cometeu um grave erro e acredito que foi forçada por alguém.

Se querem me ajudar, ajudem-na também. Ela é pobre e de um lado, ou de outro, terá um bebê para criar.

Uma delas se benzeu, dizendo indignada:

— Padre! Como pode pedir que a ajudemos. Ela foi culpada por esse escândalo. Bem que eu disse que um padre jovem como o senhor não ia dar certo na nossa paróquia. As jovens de hoje em dia são muito assanhadas.

— Senhoras, eu torno a pedir, ajude-a, pois se ela tivesse ajuda para consertar o erro, tenho certeza, não teria o efeito chegado até aqui.

A que tinha se benzido, antes mesmo de entrar na cela, tornou a olhar para todo o lado, como se a procura de algo. E repetiu:

— Padre, esse lugar me dá arrepios. Tenho certeza de que o diabo mora aqui. Só há gente horrível. Credo!

— Senhora, eu sou horrível?

— Não! O senhor, não. Mas é uma exceção.

— Já se perguntaram quantos infelizes estão aqui por não terem quem os ensinasse os caminhos certos?

— A porta da igreja está sempre aberta. Eu sou testemunha, e o senhor sempre disposto a ajudar e orientar. As pessoas são quem não confessam seus pecados!

— O motivo de confessar os pecados não é para o padre ou Deus ficarem sabendo. Deus sabe tudo e ao padre cabe a orientação. Mas do que adianta confessar e continuar no erro, mesmo depois das instruções?

— Sou decente! Somos decentes! — Corrigiu ela.

— Tentam ser. E se querem ser mesmo, ajudem a jovem sem se preocuparem com o motivo que a levaram a acusar-me, mesmo eu não tendo cometido este erro.

Uma delas sentou-se na cama de um modo que eu pensei que ia quebrar. Disse como se fosse um grande alívio e em antítese ao que tinha afirmado antes:

— Graças a Deus, padre, o senhor nos confessa que é inocente.

Ele deu um sorriso amargo, como se já esperasse delas a desconfiança, apesar dos protestos de que sabiam que ele era inocente.

— Vamos, Carmela! Muito pouco poderemos fazer se não sabemos do fato em detalhes. — Comentou a outra, nitidamente decepcionada.

Mesmo assim elas pegaram a mão do padre para beijar. Ele as abençoou e se retiraram. Ele comentou em voz baixa:

— Pobres senhoras! Não confiam em ninguém e só querem ser as primeiras a ter detalhes do que aconteceu. Deus! Deus! Creio que não estou sendo claro com meu rebanho. Quantas vezes já fiz sermão sobre a caridade, sobre o não julgarás. Com que ouvidos muitos ouvem? São capazes de dizer de cor cada parte, mas a essência lhes foge. Deus! O que vim aprender ou fazer aqui? Ilumine-me.

E dizendo isso, ele voltou a deitar-se. Ficou muito tempo imóvel. Eu me aproximei e vi que estava acordado. Vieram lhe servir o almoço, ele mal tocou.

Depois ele se sentou na cama, com as costas encostadas na parede e colocou-se a ler o *Evangelho*. Eu quis me aproximar, mas tive medo. E se eu estivesse condenado a viver no inferno? E esse fogo me esperava no lá fora? Não! Eu queria continuar ali.

O guarda, quando veio tirar a bandeja do almoço, ficou conversando com o padre. Falou um pouco de sua família e o padre pediu para falar com o diretor. Queria pedir-lhe para rezar uma missa para os detentos.

À tarde o vieram buscar. Ele ficou muito tempo fora. Quando voltou parecia feliz, estranhei, pois tinha uma expressão de quem é liberto.

O guarda que o acompanhava dizia:

— Padre, como estou feliz. Quem sabe uma missa melhora esse ambiente. Há homens aqui que nunca ouviram a palavra de Deus.

— Eu também fico feliz. Se minha estada aqui salvar, nem que for uma alma, me sentirei compensado.

— Padre, não fique muito eufórico. Existem homens bem pouco amigáveis.

— Fiz questão de pedir ao diretor que não obrigue ninguém. Cada alma tem seu tempo, mas com um professor sempre se tira as dúvidas mais rápido. É assim que me sinto, Alvarenga.

— Padre, o senhor que entende de almas, me diga uma coisa, desde que um homem se suicidou nessa cela, me parece que algo dele ficou. Eu mesmo vi o corpo ser retirado, mas não consigo me aproximar sem pensar nele. É como se houvesse um cartaz invisível, que minha mente registra. E isso me perturba. Já me disseram que a alma dele pode estar presa aqui. É verdade?

— Curioso, eu também tenho essa sensação. Outro dia sonhei que conversava com alguém que já tinha estado aqui e ele me contava que havia se suicidado e estava com medo. Não! Foi sonho. Eu já sabia dessa história. Eu mesmo rezei a missa de sétimo dia. Fiquei impressionado, pois é sempre um tipo de morte que choca.

E ouvindo o que o padre dizia, o guarda fechava a cela. O padre começou a escolher uma parte do *Evangelho* para ler na missa, que eu não sabia quando seria.

A noite veio, as luzes foram apagadas. Vi que o padre não dormia um só minuto.

De manhã, ele pediu para tomar um banho e trocar de roupa. Deduzi que seria o dia da missa. Ele saiu e ficou longo tempo fora da cela.

Levantei-me do canto e perambulei pela cela. Vi-a aberta, mas só de olhar as grades eu tinha vontade de amontoar-me no canto.

Sentei-me na cama, deitei nela e ali fiquei durante muito tempo. Meu cérebro parecia bloqueado, eu não conseguia pensar que tinha tido uma família e ter noção clara que estava dentro de uma cadeia.

Estava assim, deitado, quando senti uma presença. A mãe do rapaz estava à minha frente e me dizia:

— Por que não vai assistir à missa?

— Não quero sair daqui. Estou bem aqui.

— Tenho certeza de que não está. Tem dores que às vezes amenizam, às vezes lhe dão a impressão de que está sufocando novamente, não é?

Eu não respondi. Aleguei que sequer sabia em que lugar era a missa.

— Eu quero muito ajudá-lo. Deixe-me ajudá-lo.

— Se pudesse ajudar, iria ajudar a alguém mais importante. Como o padre, por exemplo, sabe que ele é inocente.

— Sim, sabemos. E sabemos também que a passagem dele por aqui será útil. Muitos estão prontos para entender as palavras de Jesus, apenas não sabem lê-las.

Eu não entendi a dimensão do que ela falava e respondi:

— Eu sei ler. Sempre soube ler.

— Venha. A missa já está no meio.

— Não quero ir. Não vou! Quero ficar aqui!

— Ouviu suas palavras? Preste atenção a elas para não culpar outros mais tarde.

Virei meu rosto para a parede e fiquei em silêncio. Quando me voltei novamente, ela já tinha ido.

Não sei quanto tempo passou até que o padre voltou. Parecia muito feliz e, entrando e tirando a roupa de missa, foi falando ao guarda:

— Tenho certeza de que muitas dessas almas precisam apenas do sopro divino das palavras de Jesus. Deus, me ajude! Ajude-me! Que eu consiga absorver esse sopro e passar-lhes.

— Foi linda, padre. Nem mesmo na igreja já o vi tão inspirado. Teve momentos que pensei que Jesus iria materializar-se ao seu lado.

— Eu só queria que todos entendessem a essência e mudassem de comportamento.

— Padre, nunca pensei em dizer isso, mas dou graças a Deus por estar aqui.

— Pedi ao diretor para me permitir vir pelo menos uma vez por semana rezar uma missa. Será que eu precisava ter minha atenção chamada para essa necessidade? Com certeza! Com certeza!

Percebi que ele iria se jogar na cama, por isso saí antes. O guarda já tinha fechado a cela e parecia ter remorsos por fazer isso. O padre acomodou-se na cama e deitou-se. Apesar do dia claro, logo vi que dormia a sono solto. Pensei: Será que o fato de ter rezado uma missa tirou-lhe todas as preocupações? Não! É cansaço. Puro cansaço.

Voltei ao canto e ali fiquei vendo o padre dormir quietamente. Não o vi desdobrar-se.

Quando acordou foi de repente. Abriu os olhos, levantou-se e saiu da cama. Chegou bem perto de onde eu costumava ficar e eu o olhei. Tive certeza de que me via, pois ficou olhando diretamente para aquele canto. O guarda que passava no corredor questionou:

— O que foi, padre?

Ele o olhou e sorriu dizendo:

— Nada! Nada! Eu também tenho dúvidas sobre o que pode uma alma.

Virou-se e sentou-se na cama pegando o *Evangelho* para ler distraidamente. Senti que era distraidamente porque estava intrigado, a todo o momento levantava a vista para onde eu estava e isso me angustiou.

Veio a hora do jantar e depois a grade foi de novo aberta e o padre saiu. Saiu e não voltou. Fiquei ali dentro, sentindo-me sozinho e ainda com medo de sair e sem vontade de arriscar-me.

Um homem veio, tirou os lençóis, lavou a cela toda e disse ao guarda, que o olhava trabalhar:

— Se eu tivesse sal grosso jogava por todo canto aqui.

O guarda riu e nada disse. Ele continuou:

— Tenho certeza de que há algo estranho nessa cela.

— Um homem enforcou-se nela.

— Deve ser isso. Será que arranjo sal grosso para espalhar por aqui?

— Não vai adiantar. Quem saiu foi um padre. Aquele mesmo que rezou a missa.

— Ah! Sei. Eu assisti. Falava bem. Não sabia que ele é bandido.

— Não é. O delegado espremeu a moça na parede e logo ela abriu o bico. O pai dela estava obrigando-a a dizer que era o padre. Grana. Queriam grana. Dizem que o padre é de família abastada. Logo vi. É um homem fino. Quando é bandido meu nariz sente logo o cheiro. E sente também o cheiro que há algo nessa cela.

O homem que limpava a cela ainda olhou para todo lado e voltou a dizer:

— Se fosse uma casa, uma mãe de santo resolveria o caso.

— Eu acredito mais no padre. Se alguma coisa pudesse ser feita, ele teria feito. É uma alma boa. Vai rezar missa toda semana aqui. Você sabia?

— Duvido! São como a gente. Prometem de tudo a Deus, mas quando se vêem livres do problema. Tchau! Não lembram sequer de agradecer.

— Não fale assim. Ele é um homem de Deus. Estudou para isso. Gostei muito dele.

O que limpava a cela deu de ombros e calando-se acabou de fazer seu trabalho. Pegou o balde, os lençóis e cobertores e saiu calado.

Fiquei pensando o que o sal poderia fazer comigo, ou mesmo uma mãe de santo. Eu tinha medo do lá fora, era somente isso. Queria ficar ali quietinho, sem incomodar. Não gritava mais quando as dores vinham, eu as suportava, pois já sabia que ninguém poderia fazer nada para saná-las.

Naquele dia o homem que entrou na cela olhou tudo como se não acreditasse. Tocou nas paredes, abriu a torneira minúscula da pia. Tocou com força no colchão e nos lençóis limpos, mas gastos. Tão gastos que já não tinham cor definida.

Depois foi até a grade, que eu ainda não me atrevia a olhar para seu ponto mais alto e passou a mão por ela. Segurou firmemente as barras com as duas mãos e as chutou com força.

Imediatamente um guarda apareceu para ver a origem do barulho. O preso afastou-se de perto da grade, como quem pede desculpas, e o guarda lhe disse:

— Não adianta querer quebrá-las, elas são de aço.

— Para mim parece irreal que estou aqui. Nunca em minha vida pensei que um dia estaria preso.

— É o que todo malandro pensa. E todos, mais cedo ou mais tarde, aparecem por aqui. O que você fez?

— Estudei para ser professor, me formei. Trabalhei cinco anos ensinando crianças e depois desisti.

— Por que desistiu? É uma função tão compensadora. Eu também queria ser professor. Não tive grana para estudar e, sem opção, tornei-me um carcereiro.

— É melhor. Aposto que ganha mais do que eu como professor. Nem uma casa popular eu conseguia comprar. Um dia, um conhecido me convidou para entrar em um esquema. Cara! Em um só golpe ganhei o que ganharia em um ano e sem me matar.

O guarda olhou para a cela, para que o preso percebesse a antítese do que afirmava. O preso percebeu. Olhou para o chão encabulado. Sorriu sem jeito e comentou:

— Tinha tudo para dar certo e nós nunca sermos pegos. Mas, cara, não é que o sacana me usou de laranja? Por isso estou aqui. Só porque o parceiro me sacaneou. Foi preso e para livrar a cara dele, me entregou.

O guarda sorriu ligeiramente, comentando:

— Qualquer um que trabalha aqui dentro ou tem contato com alguém daqui sabe, ou melhor, tem certeza, de que o crime não compensa.

O preso deu-lhe as costas e comentou tristemente:

— Tarde demais eu entendo isso. Mas parecia tão fácil. Tão sem problemas. Fico pensando por que estudei tanto para passar meus dias e noites em um lugar desses?

— Lastimo que com tanta falta de professor para nossas crianças você esteja aqui. Longe de seu trabalho.
— Joguei! Perdi! Não é a vida?
— Não sei não! Tenho cá comigo que tudo tem razão de ser e o acaso não existe.

O preso sentou-se na cama e, tirando os sapatos, deitou-se nela. O guarda afastou-se. Olhei para o preso de onde eu estava. Tive certeza de que ele estava muito arrependido. Roguei que não pegasse uma pena muito grande. Mas, pensei em seguida, em que isso podia me importar?

Dias depois um homem apareceu com muitos livros, lápis, canetas, borrachas e papéis e deu ao preso lhe dizendo:
— Escreva. Diga aos jovens como não existe forma de ficar rico com grandes golpes. Conte de sua experiência e faça de sua passagem por aqui algo mais útil ainda. Serão três anos, mas podem parecer três dias, depende do que você fará desse tempo.

O preso olhou para todo aquele material jogado na cama. Percebi que não se sentia capaz. Mas assim que o homem se foi, ele começou a escrever.

Amassou muitas folhas em várias tentativas. Leu muito. Chorou sozinho algumas vezes.

Os dias passavam, as noites se seguiam e eu somente assistia as mil e uma tentativas dele.

Até que um dia, alguém, vindo não sei de onde, sentou-se ao lado dele e começou a influir-lhe idéias. O preso colocou-se novamente a escrever e dessa vez sem jogar fora nenhuma folha, eu o via fazer fluir as palavras através do movimento da caneta.

Ele mal se alimentava e fazia daquele trabalho seu único motivo de existir.

Certo dia, gritou muitas vezes:

— Consegui! Consegui! Deus, era isso o que eu tinha que fazer? Eu consegui! Ajude que todos entendam que a liberdade com trabalho não se compara a riqueza na prisão. Pois aqui não há riqueza, apenas prisão.

Ele se aproximou da grade e chamou o guarda, pedindo para ligar para uma pessoa. O guarda foi pedir autorização.

Voltou. Abriu a cela e levou o preso. E ele, com as folhas embaixo do braço, se foi e eu nunca mais o vi voltar. Porém, entendi que ele tinha conseguido seu intento. Mesmo assim, eu ainda não queria sair, temia o lá fora.

Durante uns dois dias nada aconteceu. Ninguém ocupou a cela. No terceiro dia um homem grandalhão entrou. Três guardas o seguravam e ele estava algemado.

Foi jogado de supetão lá dentro e rapidamente fecharam a grade. Ele teve que reclamar para que tirassem as algemas.

Olhou em volta e pediu para ser transferido daquela cela. Ninguém o atendeu. Ele gritou durante muito tempo, pediu para falar com o delegado, insistiu com o guarda e não o atenderam.

Ele ficou recostado na grade, olhando para tudo, como se tivesse medo.

A noite chegou e ele continuou parado ali. Nem parecia o homem resistente, o qual tinham tido dificuldade para empurrar.

Quando apagaram as luzes ele cochichou:

— Eu posso ver você. Desde que entrei aqui posso ver você. Não sou louco. Sei que vocês existem. O que quer de mim?

Levantei-me do canto, me pondo de pé. Eu estava tão assustado quanto ele. Tive medo de que me agredisse. Ele continuou falando:

— Saia daqui! Saia! Eu não vou permitir que você roube minha alma. Vou dar um jeito de sair dessa cela. Tenho certeza que é mal assombrada. Você é o diabo?

A dor que eu sentia e estava sempre presente acentuou-se, eu estava com muito medo dele. De pé, recostei-me na parede e senti como se eu pudesse entrar um pouco dentro dela.

De repente o homem começou a gritar a todos os pulmões, assustando-me mais ainda:

— Guarda! Guarda! Me tire daqui! Eu tenho medo do escuro! Tenho medo porque posso ver fantasmas! E aqui há um. Ele tem o pescoço cortado, um machucado enorme. Ele é horrível e pode ser o diabo em pessoa!

Eu acreditei que ele não falava de mim. Eu não podia ser horrível. O homem, vendo que ninguém lhe dava importância, gritou mais alto e mais alto. Até que três guardas se aproximaram e mandaram-no calar-se.

Ele insistiu que via aquela figura. Eu ,com medo também, percebi que tinha horror ao pensar que o diabo pudesse me buscar de um momento para outro.

O homem, agarrado as barras de ferro, tentava quebrá-las. Um dos guardas gritou que se calasse, pois estava acordando todo mundo.

O homem não se calou. Gritou tanto que acabou sendo atendido. E saiu manso para outra cela, enquanto os guardas pareciam temer que ele falasse a verdade.

Quando finalmente o tiraram de lá, eu tremia todo. Meu corpo parecia querer desfazer-se e eu caí no chão sentindo enorme falta de ar. Sentindo meu pescoço sendo outra vez apertado pela tira de lençol e me debatendo comecei a chorar. Mesmo assim ainda não queria sair dali.

Como não tinha noção de tempo e confusamente de espaço, pois sabia onde estava, não sei quanto tempo se passou até que a cela foi de novo ocupada. Eu ainda estava no chão. Não sabia se alguém tinha entrado antes e a limpado ou mesmo se algum guarda tinha espiado lá dentro.

Senti uma melhora e sentei-me encolhido no canto. Quando olhei para a cama, um homem loiro a ocupava. Sentado, ele ria muito lendo algo, alienado a minha presença ali.

Eu tinha melhorado aos poucos e tive medo de me mexer aproximando-me dele. Temia tudo voltar, estava mais do que encolhido no canto, sentindo-me muito assustado.

Fiquei olhando para o homem que ria alto. Lembrei-me que eu tinha perdido aquela capacidade. Nada para mim parecia engraçado e o estado de pavor era constante em mim.

Logo depois um guarda aproximou-se e lhe disse:

— Não esqueça de emprestar-me depois. Você prometeu.

— Empresto sim. Já estou acabando.

— Faz três dias que você está aí. Não sentiu nada de diferente?

— Não! Apenas que estou preso. Mas isso aqui não é diferente, é?

O guarda sorriu dizendo:

— Teve um homem que entrou aí e ficou desesperado. Era o tipo valentão. Tinha quebrado todo um bar. Mas tivemos que tirá-lo daí, ficou meio maluco.

— Pinguço! Só podia ser pinguço!

— Não estava bêbado, não. E até o último minuto em que se foi, descrevia a figura que jurava ter visto.

— Bobagem! Não existe o que não podemos ver. Morreu a carne, os vermes comem os ossos.

O guarda afastou-se e eu fiquei quieto, sentindo um latejar constante.

A noite veio e aproximou-se de mim a senhora, mãe do rapaz. Assim que me viu disse brandamente:

— Está pronto para ir? Vim buscar-lhe. Não desisti.

— Não quero ir.

— Por que insiste em ficar aqui? Venha comigo. Não é feliz e sofre. Dê-se uma chance.

Eu me encolhi ainda mais. Ela ainda me estendeu a mão. Fiquei olhando para a mão dela e tive certeza de que não queria ir. Ir para onde? Que lugar teria fora daquele local? Não! Ali era a realidade que eu tinha certeza existia. E não queria perdê-la. Era minha referência de realidade, pois eu não era capaz ainda de conceber outra.

Ela não disse mais nada, ainda esperou por um pouco com a mão estendida e vendo que eu não a pegava, retirou-se, como se sentisse tristeza por mim.

Por que ela vinha? Não era minha parente era mãe de um dos presos que já tinha ido fazia tempo, uma eternidade para mim.

O dia amanheceu. O homem acordou e eu vi que embaixo da cama tinha uma coleção de revistas. Questionei-me: quando foi que ele veio? Eu não o vi chegar.

Quando o guarda, daquele plantão, aproximou-se para trazer-lhe a bandeja de café da manhã, ele comentou:

— Ontem comentaram comigo que um preso jurou ter visto alguém nessa cela. Fiquei impressionado. Não foi que sonhei com uma linda mulher dando a mão para um bicho feio. Uma figura que eu não sabia se era gente ou bicho.

— Logo você tendo sonhos de menininhas. — Brincou o guarda.

— Não vem com essa! Não me estranha! Estou falando com você porque não tenho com quem falar. Quer que eu fale com quem? Com as paredes?

— Não! Com os fantasmas. — Brincou o outro.

O preso disse um palavrão, mas não como forma de ofender, tanto que o guarda sorriu, comentando:

— Deve haver um lugar para os mortos. Jesus Cristo disse isso, embora eu não seja lá entendido. Não pode ser que Deus tenha criado as almas para ficarem vagando. Com certeza vai quem quer.

— Bobagem! Ontem mesmo eu disse ao outro guarda: quando a carne morre os vermes comem os ossos.

— Que coisa horrível de se dizer. Credo! Temos uma alma e eu tenho certeza que há algo depois da morte.

— Se há, peço que ninguém do lado de lá venha me dizer.
— Tornou a dizer o preso, brincando.

Os dois riram. O homem que distribuía as bandejas saiu da frente da cela. O preso sentou-se na cama e começou a comer. Olhei-o alimentando-se e percebi que eu não tinha mais fome. Mantive-me encolhido. Lembrei-me da mãe do rapaz que tentava levar-me para outro lugar. Procurei não pensar na frase que o preso dissera, parecia grosseira e me dava medo.

Ele acabou de alimentar-se. Colocou a bandeja perto do lugar onde havia a portinhola para entrada e saída. Sentou-se na cama, pegou uma das revistas e voltou sua atenção a ela, e de vez em quando ria.

Percebi que eu sentia inveja. Há muito tempo eu não sentia vontade de sorrir. Mas ele não podia estar feliz, pois estava preso, dentro de uma cadeia e ali não havia felicidade. No mundo todo não havia felicidade. E se um dia eu fora feliz, estivera muito enganado.

Sentindo pena de mim mesmo, comecei a chorar. O preso levantou o rosto e olhou à volta, comentou um tanto irado:

— Detesto mariquinhas que choram!

Imediatamente parei, apesar da angústia. Encolhi-me mais ainda e ele voltou sua atenção ao que lia. Eu apenas o observava, ainda sentia medo de olhar para a grade, no máximo olhava para a parte de baixo, para a portinhola onde entrava e saía a bandeja.

Um tempo depois o guarda novamente passou recolhendo-as. O preso levantou os olhos e disse ao guarda:

– Quem está na cela ao lado?

– Um vigarista como você.

– Não como eu. Se fosse, não era mariquinha. Não ficava chorando.

O homem olhou-o intrigado dizendo:

– Chorando!? Você está maluco? Esse malandro já entrou e saiu tanto da cadeia, que com certeza, a primeira vez, entrou aqui de fraldas.

– Eu ouvi.

– Estou dizendo, esta cela é mal assombrada.

O preso olhou-o como se duvidasse que estivesse falando a verdade. E eu temi que repetisse a frase, ela me dava mais medo. Ele não repetiu. O outro se retirou e o preso voltou sua atenção à revista. Mantive-me encolhido, com dor, angústia e vontade de chorar novamente. Não o fiz.

Algum tempo depois aquele preso também saiu. A cela ficou vazia. Perambulei por ela. Deitei-me na cama e roguei que ninguém mais a ocupasse.

Queria ficar ali para sempre. Um certo bloqueio mental ocupava minha mente. Eu olhava para os lados e tinha certeza de que somente ali estaria seguro, apesar da dor, da sensação de sufocamento, da tristeza e infelicidade que eu sentia.

A cela, porém, logo foi ocupada. Senti um pouco de raiva, pois a queria somente para mim. Sentia como se no mundo todo só houvesse aquele espaço. E os que entravam eram intrusos. Não me questionava quanto a luz do sol que entrava pela janela mínima no alto da parede, indicando que do lado de fora existia luz, vida e calor.

Não questionava o fato de eu saber e ver as pessoas irem e vierem, e a lógica de que eu não tinha nascido ali. Não! O medo e a dor tomavam conta de mim e eu não permitia que mais nada emergisse de meu âmago.

No fundo, entendo agora, eu criava o mundo que julgava merecer, por todos os descaminhos que havia tomado. Mas, um outro homem entrou. Tinha um nariz adunco e olhos frios. Foi também colocado algemado na cela. E só a tiraram quando um dos guarda ficou apontando uma arma para ele, enquanto o outro tirava as algemas.

O preso, assim que se viu sem as algemas, colocou os braços para o alto a espreguiçou-se. O guarda que fechava a grade comentou:

— Não vá fazer bagunça. Sei que tem acessos, mas controle-se. Aqui acreditamos que isso é frescura e combatemos na base da borrachada, por isso não folga não!

O preso o olhou com desprezo e com expressão vingativa. O guarda saiu da frente da cela. O preso esticou o pescoço e olhou para a janela mínima.

Cheguei a pensar que ele pretendia pulá-la. Era impossível. As paredes tinham mais de duas vezes o tamanho dele, comparei.

Ele se sentou na cama e acendeu um cigarro. E logo, vindo não sei de onde, mais dois se puseram a aspirar a fumaça com prazer.

Eu queria olhar para ver se a cela estava aberta. Não tive coragem. Não me lembrava mais com certeza se os guardas a tinham fechado. Deduzi que estava aberta, pois como aqueles outros haviam entrado?

A fumaça se espalhava no ambiente e aqueles outros dois estavam quase colados ao nariz e a boca do homem que a expelia.

A cada vez que aqueles outros a aspiravam parecia que o material da fumaça se misturava aos seus corpos, deixando-os escurecidos e densos, em um tom verde musgo e sem brilho.

Algo nessa cena me deu um pavor enorme e comecei a sentir dor, muita dor. Gritei e eles viraram-se para me olhar e com expressão de surpresa no primeiro momento, como se acabassem de me perceber. Logo depois começaram a rir e me ridicularizar com ofensas.

Quando se cansaram de me ofender chamaram-me para aspirar aquela fumaça enegrecida que saía do preso. Olhei para o chão e já havia duas bitucas jogadas nele. Deduzi que era o terceiro cigarro que o homem fumava.

Eu nunca havia fumado e aquele cheiro impregnante espalhado no ar impedia-me de respirar. Pedi para que se fossem e deixassem-me em paz.

Eles começaram a me imitar, humilhando-me. O preso, totalmente concentrado em seu vício, estava com seus sentidos fora do que se passava.

E como sempre que o temor me alcançava, comecei a sentir muita dor e a gritar que me deixassem em paz.

Envolto na dor e na angústia parei de prestar atenção ao que eles faziam. Quando passou aquela eternidade de sofrimento e me senti melhor, já não havia ninguém dentro da cela. E ficou assim por um longo período.

Desejei ardentemente que ninguém nunca mais a ocupasse e assim eu, totalmente enganado, julgava que teria paz.

Naquela noite a mãe do preso voltou a aparecer e eu a senti como intrusa. Eu só queria ficar sozinho. Não queria a intromissão dela ou de mais ninguém.

Ali era meu mundo e eu, apesar do sofrimento, não queria mudá-lo. Trazia dentro de mim todas as compensações, o consolo que havia matado meu genro. E na limitação de meu raciocínio lógico, eu não questionava onde estava sua alma.

A mulher chegou e eu estava deitado na cama. Sentia o latejar de meu pescoço e ela, com expressão triste, me disse:

— Por que não quer entender que aqui não é seu lugar?

— É meu lugar. Eu temo o lá fora.

— Nunca acreditou que existe um Deus bom e amoroso?

— Não sei! Eu não merecia que um canalha entrasse para minha família. Deus errou!

— Não errou. Você quem esqueceu que precisava exercitar seu perdão. E só não sofre mais porque seu genro, em nome do amor que tem por sua filha e pelos filhos dele, sufoca todo pensamento de ódio que podia estar lhe enviando. E tem até rezado sinceramente para que você tenha paz.

— Não preciso que rezem por mim e como alguém pode rezar estando no inferno?

— O inferno ou paraíso são escolhas da alma. Não há porta neles ou carcereiros. E acaso você não arde como se estivesse em fogo?

— Não! Este é o mundo em que quero estar. Desejo que ninguém mais ocupe esse lugar e que ele seja somente meu.

— Aqui é o lugar onde os que estão encarnados vivem. Seu lugar não é mais aqui. Venha! Venha, por favor!

E dizendo isso, ela me estendeu mais uma vez a mão. Fiquei olhando para a mão dela que tinha um brilho delicado.

Olhei para a minha que parecia densa e opaca. Tentei imaginar o que poderia haver lá fora. Não consegui. Deduzi, mais uma vez, que era melhor ficar li, pois ali eu conhecia a realidade e mais uma vez, covardemente, decidi não ir. Disse a ela:

— Desista! Não perca seu tempo comigo. Eu não irei acompanhá-la ou a ninguém. Desista! Não perca seu tempo.

— Não! Não desistirei. Compreenderá, mais cedo ou mais tarde. Compreenderá que tem amigos lá fora.

— Não tenho! Meu genro roubou todos. Colocou todos contra mim.

— Ninguém consegue isso com ninguém. Não há quem tenha esse poder, nem mesmo nós. Não tenho provado que sou sua amiga?

— Seja amiga de seu filho. Onde ele está? Na penitenciária, não é verdade?

Ela abaixou os olhos tristemente, recolhendo a mão.

— Sim. É verdade. Mas lá é o melhor lugar para ele no momento. Já matou duas vezes. Roubou outras tantas e precisa ser freado para não ter mais arrependimentos ainda.

Senti arrependimento por tê-la magoado. Não pedi desculpas. Eu só queria ser deixado em paz. Eu não entendia que não tinha um minuto sequer de paz.

Fiquei olhando-a, de frente, longamente e os olhos dela pareciam brandos. Perguntei-me: Como uma mulher daquela podia ter parido um filho bandido?

Ela repetiu o convite me dizendo meigamente:

— Peço que confie em mim apenas um pouco. Se não gostar do lugar que quero levá-lo, pode voltar. O espírito é livre para ir onde quiser.

— Quero ficar aqui! Deixe-me em paz!

— Está bem! Eu lastimo a cegueira em que está mergulhado. Porém, tenho que respeitar sua vontade.

E dizendo isso ela desapareceu. Percebi que eu sentia bem menos dor e o ar da cela parecia melhor de ser respirado. Continuei deitado na cama, tentando colocar meus pensamentos em ordem, pois pareciam sempre confusos.

O homem que entrou tinha o cenho franzido, e o guarda o tratava com medo. Eu podia sentir que tinham medo dele.

O preso começou a reclamar da sujeira do lugar, e eu olhei ao redor com atenção. Sim. Ele tinha razão, embora eu tivesse visto que a tinham lavado toda, uma sujeira escura parecia impregnar as paredes, o teto e o ar.

Olhei-o e ele não parecia sozinho. Parecia que sombras o acompanhavam. Corri para meu canto e ali me encolhi o máximo que podia.

Como sempre acontecia, eu não tinha consciência clara, o medo aumentando deu-me sensação maior de sufocamento. Fiquei ali, no canto, lutando por um pouco de ar, que parecia se recusar a entrar em meus pulmões.

Quando me senti melhor e voltei a olhar para os lados, o homem dormia fazendo um barulho alto. Um outro estava à minha frente e me dizia:

– O que faz aqui? Me diga?

Eu não respondi. Ele tinha uma aparência visguenta, fiquei apavorado e ele gritou novamente, dizendo:

– Se está aqui é um grande assassino. Então, é dos nossos. Junte-se a nós.

Eu queria responder que não era um deles, que os temia. Não consegui. Lutando novamente para respirar, eu me vi estrebuchando no chão. Outros dois se juntaram a ele a apenas me observarem. Riam muito, imitando-me e eu, controlando o pavor, voltei a me encolher no canto, intimidado.

Durante a noite, ouvi gritos de pavor, muito choro e praguejamento. Tentava fechar meus ouvidos e não conseguia, pois os sons pareciam atravessar tudo.

Foram muitas noites assim, onde eu ficava sufocando, sentindo um medo imensurável, sem poder raciocinar. Perdi a consciência do que acontecia no lugar. Não percebi que a noite durava muito. Aquelas sombras sempre perambulavam, me viam sufocar e gritar de dor e a única coisa que faziam era rir.

Quando a cela novamente se iluminou, procurei pelo preso, e ele não estava mais lá. Vi o padre, que estivera preso, jogando água benta pelo lugar e um dos guardas dizendo:

— Padre, sei que esse lugar não é o melhor para ser freqüentado, mas creio que o preso tem razão. Eu o ouvia rir e gritar à noite e quando acordava, sempre em sobressalto, jurava que tinha visto um homem caído ao chão, sem uma parte do pescoço. Padre, juro que ele não é louco. Pareceu-me que eu já sabia. Outros presos juraram que já viram esse fantasma aqui. Tenho certeza de que foi aquele que se suicidou.

— Deixe-me concentrar, preciso orar com fervor.

— Desculpe, padre! Fique à vontade.

Fiquei olhando fixamente para o padre, e ele ajoelhado concentrou-se em uma oração. O ar, as paredes e tudo em volta, que parecia visguento, começou a ser limpo. Meu sufocamento melhorou muito.

Eu quis também rezar, mas nunca tinha sido um homem religioso e não me lembrei de nenhuma das palavras. E esse não lembrar me deu também medo.

Fiquei olhando para o padre fixamente. E quando dei por mim, aquela mulher estava de novo à minha frente e me dizia:

— Ainda quer ficar aqui? Venha. Saia dessa tortura.

Eu me encolhi. E se ela estivesse me enganando? Se lá fora só existissem figuras como aquelas que riam de meu sofrimento?

Olhei para o padre novamente para tirar minha vista dela. Algo em volta dele parecia brilhar. Ela me disse:

— Veja, ele tem fé. Ora pela alma de todos que aqui estão. Veja como tudo parece mais limpo e está. Venha. Não fique mais aqui. Eu lhe imploro. Faça em nome de sua fé e de seu futuro.

— Eu não quero! Eu não quero sair daqui! — Gritei apavorado, com medo de que alguém tivesse o poder de tirar-me dali.

O padre parou a oração. Olhou para o lado onde eu estava e tive certeza de que iria me obrigar a sair. Fechei meus olhos. Mas a figura dele continuava à minha frente.

Senti que ele dizia alguma coisa, eu não entendia. Era como se cochichasse muito baixo e também eu não queria ouvir.

Ele voltou a orar. Eu sabia que orava, pois fechava os olhos e o brilho à sua volta se intensificava. Tive vontade de levantar do canto e ir tocá-lo para verificar se eu realmente via o brilho.

Não o fiz. Eu tinha medo de tudo, inclusive daquele brilho. Depois ele se benzeu e levantou-se. O guarda havia ficado parado na porta, eu não sabia se ele havia orado também ou não.

A mulher, que sempre vinha, tinha desaparecido. Assim que o guarda viu o padre levantar-se, lhe disse:

— Padre, será que agora esta cela vai parar de ser assombrada?

— Não sei. O que os homens fazem às suas almas é que é assombroso. Como nos falta fé. Deus, perdoe nossa falta de confiança.

O guarda se benzeu e os dois saíram. Levantei-me do canto. Andei pela cela olhando para as paredes. Aquele tom visguento esverdeado escuro parecia bem menos denso. Como se alguém tivesse esfregado com força a parede, com um sabão eficiente.

Ouvi movimento e outro preso entrava, o guarda lhe dizia:

— Você tem sorte, um padre acaba de sair daqui. Veio orar a meu pedido.

O homem sorriu incrédulo, dizendo:

— Lugar de padre é na igreja, passando sermão que ninguém ouve, fazendo batizados e casamentos. Não aqui.

— Lugar de padre é onde tem alma necessitada.

— Alma penada! Há quanto tempo eu não ouvia tamanha besteira.

O guarda fez uma cara descontente. Não retrucou ante a incredulidade do homem.

O preso caminhou para o meio da cela e olhou para todos os lados. Depois se deitou na cama e ficou olhando para o teto. Pouco tempo passado, para mim, um outro homem entrou. Deduzi que era o advogado, se cumprimentaram e o recém chegado disse ao preso:

— Já peguei os papéis. Vou levar para casa para lê-los.

— Negocie logo a fiança. Não quero passar a noite aqui.

— Pelo menos uns quinze dias você vai ficar.

— O quê!? Dê um jeito. Estou lhe pagando bem. Muito bem!

— Foi preso no fragrante e não é a primeira vez. A primeira conseguimos livrar sua cara. Hoje é diferente.

— Olha, cara, você é o advogado. Resolva!

— Como pode arriscar sua liberdade por tão pouco? Assaltar uma idosa. O que ela podia ter de valor?

— Eu lá ia saber!? Estava de grana curta e qualquer dinheiro é melhor que nenhum.

— Quase foi linchado por isso. Olhe seu rosto. Não sei como não lhe quebraram todos os ossos.

— Fugi. Saí correndo. Como eu ia saber que a idosa estava acompanhada. Estava dando bobeira com a bolsa!

— Detesto ladrão pé de chinelo – observou o advogado.

— Detesto advogado porta de cadeia. Você fez mesmo uma faculdade?

— Fiz! Lógico que fiz! E trate de me respeitar, senão eu te deixo aqui para apodrecer.

— Minha família está te pagando. Então faça o seu trabalho. Senão quando eu sair daqui te quebro todo.

— Não vem com ameaças não, cara! Conheço todos seus truques e você sabe, se um de nós morre, não fica malandro nas ruas. Até por espirrarem ficarão presos.

O preso disse um palavrão e calou-se. O advogado, muito irado, retirou-se. A ira deles sempre parecia me atingir, acentuando, outra vez em mim, o medo. Logo eu não conseguia mais respirar.

O bem que as orações do padre haviam me feito, parecia ter tido pouca durabilidade. Depois que o advogado saiu, o preso ainda gritou vários palavrões. Amaldiçoou uma lista de pessoas. Vociferou contra muita gente. E eu me encolhia cada vez mais ao canto, com o medo se transformando em pavor.

Tempos depois um outro homem entrou. Tinha um ar envelhecido, um rosto magro e tristonho. Olhou à volta assim que entrou. O rapaz evitou olhá-lo de frente, e o visitante lhe disse:

— Osvaldo, filho, o que está fazendo de sua vida?

— Ah, pai! Não me venha dar sermão! Não estou com saco para ouvir!

— Filho, não lutei tanto para que fossem honrados? Eu mesmo não dei o exemplo? Cheguei a trabalhar quinze horas por dia para nada lhes faltar.

O preso levantou-se da cama irado. Foi até perto da grade e gritou:

— Guarda! Tire este homem daqui!

O pai começou a chorar. Nem convidado fora para sentar-se. E entre lágrimas dizia:

— Filho, ouça os conselhos de seu pai, quero que tenha uma vida útil. Qualquer dia alguém o mata por trocados.

— Está bem, pai! Eu juro que quando sair daqui vou assaltar banco. Está bem assim? — Gritou o preso, impaciente.

— Não! Não! Quero que arranje um emprego decente. Eu e sua mãe não agüentamos mais viver assim, com medo de que algo de ruim lhe aconteça. Quantas vezes ainda viremos visitá-lo na cadeia?

— Guarda! Guarda! — Gritou o rapaz de novo. — Não precisa vir! Sabe que eu não ligo, que eu não quero. Não quero ter a vida que você tem. Não quero trabalhar quinze horas por dia. Não venha mais. Guarda! Guarda! Tire este homem daqui!

Finalmente o guarda apareceu. Olhou para o senhor que chorava e penalizado lhe disse:

— Acalme seu coração, filhos ingratos Deus castiga. Ele vai sentir o castigo vindo do alto e vai se arrepender. Venha, senhor, eu o acompanho.

Abriu a cela e assim que o senhor saiu, ele a trancou novamente olhando para o preso iradamente. Eu me encolhi mais, fiquei com medo do preso. Ele parecia ser muito ruim. Eu nunca tinha tratado meu pai daquele jeito.

E pensando naquela cena, a figura de meu pai começou a tomar forma na minha mente. Percebi que sentia saudade dele, que queria vê-lo. Depois bloqueei, tive medo de que ele tivesse a mesma vergonha de mim pelo que eu fizera.

Eu não tinha assaltado uma idosa, matara meu genro. Mas ele merecera. Ah! Sim. Ele merecera, judiava de minha filha. Eu fizera justiça. Justifiquei o injustificável.

A noite veio. O rapaz roncava alto e esse som ecoava pelas paredes. Olhei-as e pareciam mais viscosas ainda. Minha mente parecia vazia, eu conseguira bloquear todo e qualquer pensamento. Mas tinha certeza, seria enquanto eu estivesse ali, protegido do nada que existia no lá fora.

Algo perto da entrada me chamou a atenção. Apesar da quase escuridão, eu podia ver que três homens entravam. Alguém com certeza lhes abrira a grade, pensei.

Aproximaram-se do preso que dormia e o puxaram da cama. Começaram a dar-lhe socos e pontapés, enquanto ele gritava.

Fechei meus olhos. A cena continuava. Por isso virei o rosto, porém eu podia ouvir os gritos desesperados do preso. Tive medo de que também me espancassem. Não me lembro se também gritei de pavor.

A luz foi acesa. Senti que mais gente entrava na cela e alguém gritava:

— Vamos! Pare! Pare!

— Estão me espancando! Estão me espancando!

— Não há ninguém aqui! Acorde! Não há ninguém aqui!

Essas últimas frases fez com que eu tomasse coragem e olhasse. Tive certeza de que ia ver o preso todo massacrado. Mas quando o olhei, estava na cama, seu corpo intacto e o guarda da noite ao seu lado, tentando acordá-lo.

Logo atrás do guarda eu vi os homens que haviam entrado e ele parecia não os registrar. Fiquei de pé, colado à parede. Eles estavam de costas para mim, pareciam ameaçadores e ainda espancavam o preso.

O guarda balançava o preso e ele continuava gritando. Até que se sentou de repente. Olhou para o guarda assustado, dizendo:

— Você os deixou entrar aqui!

— Está louco, malandro!?

— Estavam me espancando. Três homens e um olhava colado à parede. Tinha o pescoço marcado e os olhos saindo das órbitas, todos os quatro eram horríveis.

O guarda se benzeu, fez um gesto com a cabeça de negação, dizendo com temor:

— Tenho dito que esta cela é mal assombrada. Ninguém me acredita.

— Estou machucado! Estou machucado e dói muito.

— Não está machucado. Ou viu fantasmas ou sonhou. Cá comigo tenho a certeza de que viu fantasmas.

O rapaz se colocou de pé e começou a examinar o corpo. Os homens que o tinham espancado riam, pareciam não ter me visto ou simplesmente não davam importância à minha presença ali.

Depois de se auto-examinar, inclusive olhando-se no espelho que havia na parede, o preso comentou, ainda muito assustado:

— Credo! Que sonho horrível! Tive certeza de que era real. Parece que ainda posso sentir que estão aqui.

O guarda olhou em volta. Percebi que estava com muito medo. Benzeu-se umas três vezes e sem dizer mais nada foi em direção a abertura, onde um outro guarda vigiava o preso, com a arma em punho.

Trancando a cela, disse ao rapaz:

— Vê se não sonha de novo. Acordou a quadra toda.

— Não apague a luz.

— Tenho que apagar. Não posso deixá-la acesa. É chave geral.

— Por favor.

— Sinto muito.

O rapaz sentando, encolheu-se na cama. A luz foi apagada. As três figuras continuaram ali, esperando o rapaz dormir. Ele não o fez.

Quando começava a amanhecer eles se foram repentinamente. Voltei a sentar-me encolhido no chão. Eu estava com tanto medo de que eles voltassem quanto o preso agredido

Dali em diante às noites começaram a ser de horror. Pouco depois que as luzes se apagavam e o preso dormia, aqueles três, como sombra, entravam e começavam a espancá-lo.

Eu começava a sufocar. Os gritos dele ecoavam dentro de mim, e eu não conseguia respirar. Encolhia-me tanto no canto, tanto, que parecia que fazia parte da parede.

Lembrei-me das palavras do guarda que quem ofende os pais, o castigo de Deus é muito grande. Será que aquilo era castigo de Deus? Um pensamento me dizia que não, e eu desde que entrara naquela situação bloqueava qualquer outra realidade que não estivesse ali dentro. E mesmo as dali de dentro eu não sabia bem como lidar e explicar.

Todas as noites as luzes acabavam sendo acesas, o guarda tinha que acordar o rapaz e lutava para conseguir fazê-lo. O rapaz emagrecia e perdia um pouco daquela arrogância que trazia consigo.

Muitas vezes acordava tão confuso que afirmava a altos brados que os guardas aproveitavam o escuro para espancá-lo com algum método que não deixava marcas.

Chegou mesmo a chamar o advogado e fazer uma reclamação oficial quanto aquele tipo de tortura. O advogado riu e lhe disse:

— Não existe esse método. Cadê qualquer marca em você?

— Eles me drogam e quando durmo me batem, batem muito. Me chutam. Tenho certeza.

O advogado olhou-o longamente:

— Olha! Pára de inventar calúnias, assim você só arranja antipatia e creio que vai ficar aqui por mais uns tempos.

— Me tira daqui! Tira! Quero sair hoje!

— Impossível. Você sabe disso. E outra coisa, conversei com seu pai, antes de vir para cá você já tinha esse pesadelo.

— Era de vez em quando. Tá! Tá bem! Eu tinha esse tipo de pesadelo. Mas aqui não. Eles me agridem todas as noites. Juro que não é pesadelo. É algum tipo de droga.

— Você está enlouquecendo. Quer que eu chame um padre? Psiquiatra não dá não, você não tem grana para pagar.

— Não quero nem padre, nem psiquiatra. Não acredito em um e nem no outro. Eu não estou louco.

— Você quem sabe. O pesadelo não é meu. Experimentou rezar? Minha avó sempre dizia: Reza e caldo de galinha não faz mal a ninguém.

O rapaz disse um palavrão. O advogado chamou o guarda e saiu. Questionei-me: pesadelo ou realidade? Para mim era real, eu também via aqueles homens entrarem como sombra. Eu não conseguia distinguir detalhes, como cor de pele, cabelo ou outra coisa qualquer. Mas eu os via, apesar do escuro.

Certa noite, quando aquele ritual se repetia, e eu apavorado grudava na parede vendo o rapaz apanhar, vi a mulher de novo na minha frente. Ela dizia a mim:

— Venha. Vim de novo buscá-lo.

— Faça alguma coisa por ele. Eu não aguento mais vê-lo apanhar toda noite.

Ela me olhou com ar de lástima, respondendo:

— Ele é como você. Não quer ajuda. Liga-se a esses que o espancam. Tem medo, sofre, mas é a realidade que aceita.

Pensa que já não lhe foi oferecido ajuda? Pois foi. Muitas vezes, muitas. Assim como tenho vindo a você. Vem comigo hoje?

Pensei em ir. Eu não agüentava mais ver aquela cena. Olhei-a mais uma vez, e o guarda já tinha acendido a luz e entrava para acordar o rapaz. Olhei para a mulher, ela continuava à minha frente, com ar implorativo.

Estendeu-me a mão esperando que eu lhe desse a minha. Olhei em volta da cela. Não! Eu não queria ir! Tinha pavor maior ainda do lá fora.

Tristemente ela recolheu a mão, me dizendo:

— Virei. Continuarei a vir. Milhões de vezes se preciso for. Um dia você terá confiança. Terá fé que há algo bem melhor do que ficar aqui. De que há perdão, esperança, vida e beleza.

— Desista! Desista! Eu não sairei daqui. Este é o mundo onde me sinto seguro, apesar de tudo.

— Não desistirei. Fico pensando o que seria de nós se Deus já tivesse desistido por nos ver tomar tantos descaminhos. E engana-se. Este não é o mundo definitivo para ninguém.

Eu não acreditei nela, bloqueei todo meu pensamento a respeito do que podia haver lá fora. Eu só entendia o medo. Percebi que me sentia sufocar e todo meu corpo doía.

Olhei para a cena. O rapaz gritava ao guarda:

— Estou ficando louco. Não posso dormir! Não posso dormir!

— Reze. A oração espanta os maus espíritos.

— Que rezar que nada! Eu preciso sair daqui. Preciso! É urgente.

O guarda olhou-o desconsoladamente:

— Eu tenho rezado por você. Tenho eu andado assustado também. Creio que vou procurar outro emprego.

— Que se dane o que quer fazer! Eu, sim, preciso sair daqui! Se aquele advogado não me tirar daqui amanhã, vou despedi-lo e arranjar outro.

O guarda, sem dizer mais nada, saiu fechando a cela. O rapaz, que tinha se posto de pé, sentou-se na cama. Logo as luzes foram apagadas e ele ficou daquele jeito. Com medo de dormir e eu olhando-o, sem entender bem o que acontecia e por que acontecia.

O dia amanheceu. Logo o advogado apareceu. O preso o ameaçou, xingou, gritou que ele desse um jeito de tirá-lo dali. Foi até o ponto máximo com suas ameaças, e o advogado mandou que procurasse outro. Saiu irado desejando que ele apodrecesse ali dentro.

Percebi que o preso tinha cometido um erro. Sem aquele advogado, até um outro ser contratado, seja lá por quem fosse, ele ficaria ainda mais tempo preso.

E eu, ali com ele, teria que ver aquelas cenas quase todas as noites. Era raro quando não acontecia. Só pude pensar que ainda bem que não me agrediam também.

Mas de alguma forma, eu passava a me sentir mais assustado ainda. E só tinha um modo de evitar que aquelas sombras viessem, não deixando o rapaz dormir.

Naquela noite, quando ele, embora sentado, já começava a dormir, toquei nele e ele nem sequer percebeu. Toquei de novo e lhe disse para não dormir. Ele falou algo e logo seu corpo foi deslizando da parede e se acomodando para dormir. Gritei desesperadamente para que não dormisse, mas não consegui mantê-lo acordado.

Comecei a sentir falta de ar e minhas dores acentuaram-se. Corri para o canto. Não queria que aqueles homens me vissem. Não queria que aquelas sombras também me batessem e torturassem. Encolhi-me no canto e ali fiquei com muito medo.

Fechei meus olhos, em uma outra tentativa das mil outras que eu já tinha feito para não ver nada. E como sempre, não adiantou. Fiquei em compasso de espera e não precisei esperar muito. Eles adentraram a cela, encolhi-me mais ainda, se era possível. Eu tinha terror, muito terror.

E logo, como das outras vezes, eles começaram a espancar o corpo do rapaz, um outro corpo caiu ao chão e eles pisavam, chutavam sem dó.

Coloquei minhas mãos em frente de meu rosto e a cena ainda continuava. O rapaz logo começou a gritar e eu creio que gritei também. Coloquei-me de pé e de repente lembrei-me que eu podia pedir ajuda.

Senti um deles se aproximar de mim. Meu ar faltou, senti-me como se estivesse pendurado na tira de lençol novamente. Gritei: "Não me toque! Imploro, não me toque!"

— Fique quieto! Nada temos contra você. Você não violentava e matava suas vítimas. Se fez uma vítima, foi a você mesmo. Já tem seu castigo!

Olhei aquela sombra em forma humana. Olhava-me dos pés à cabeça e parecia sentir desprezo. Sussurrei:

— Matei meu genro.

O homem apenas sorriu, enquanto os outros dois não paravam de espancar o rapaz. Olhei para o corpo dele que estava sobre a cama, e ele movimentava-se no mesmo compasso do outro corpo que estava no chão, sendo atacado.

As luzes foram acesas, e nesse dia eles não saíram de lá. O guarda entrou. Tentou durante muito tempo acordar o rapaz, que gritava, e não conseguia.

Um outro guarda entrou e os dois sentaram o corpo do rapaz, eu lhes disse: — A alma dele não esta aí. Está caída no chão. Façam alguma coisa.

Eles não me ouviam e eu repeti mais umas duas ou três vezes.

Um dos guardas inquiria temeroso:

— Deus, o que é isso? Não conseguimos acordá-lo. Deus, ilumine-me!

E de repente, eu nem soube de onde apareceu um homem vestido de branco, com um leve brilho azulado à volta, estava no meio da cela.

Olhou tudo em volta e disse aos homens-sombras que ainda espancavam o rapaz:

— O que ganham com isso?

— Justiça! Por acaso não sabe o que ele fez?

— Olhem seus passados também.

— Hoje vamos matá-lo. Vamos levá-lo para junto de nós.

O homem recém chegado olhou-me e me viu encolhido no canto, sufocando e tremendo de medo.

Os que espancavam o preso pararam, e ele voltou para o corpo. Eu estava paralisado com as cenas que via. Os sombras saíram pela parede. Reparei que um dos guardas rezava em voz alta, apesar do medo.

O rapaz despertou. Tinha os olhos assustados, a boca branca e começou a chorar compulsivamente.

Depois se acalmou e ainda em lágrimas comentou com os guardas:

— Eles se vingam! Eles se vingam!

— É pesadelo. Você precisa de um psiquiatra.

— Não! É vingança! Eu preciso de perdão. Deus, eu preciso de perdão!

Perguntei ao homem de branco que tinha chegado:

— O que acontece?

— Algozes e algozes tentam fazer justiça entre si. Venha! Seu lugar não é aqui.

Eu tinha me acalmado um pouco, mas quando ele me chamou para ir com ele, meu medo total voltou. Olhei para o preso e os dois guardas, um deles dizia:

— Você só acordou porque rezei. A oração alivia a alma. Traz nossos anjos para nos ajudar. Eu não trafegaria por aqui, no meio de almas perturbadas se não confiasse em meu anjo da guarda. Seria arriscar muito.

— Não posso dormir. Tenho medo de dormir. — Respondeu o preso, como se não pudesse ouvir.

Os guardas olharam-se e vendo que o rapaz estava mais controlado, começaram a sair dizendo:

— Reze, rapaz, reze muito. Só assim espantará seus pesadelos.

O rapaz, calado, controlando o choro, apenas balançou a cabeça concordando.

O recém chegado, que estava à minha frente, voltou a falar-me:

— Vai ou não comigo?

— Tenho medo lá de fora. Há o nada ou somente trevas. Não quero ir.

Ele estendeu a mão como a mulher que vinha já havia feito, me dizendo:

— Você se castiga por um erro grave, posso entender. Mas não há castigo eterno. Há muitas formas de corrigir. Venha! Se um dia acreditou que existe um Deus, venha!

Olhei para a mão dele. Para seu corpo com aquele brilho delicado em volta. Em um impulso, estendi minha mão e ele a pegou com força. Eu ainda lhe disse:

— Matei meu genro e cometi suicídio.

— Não matou seu genro. Feriu-o gravemente. Mas ele ainda está entre os encarnados. O maior crime que cometeu foi contra você mesmo.

Aquela revelação me deixou irado. O recém chegado tinha que estar mentindo. Eu tinha matado meu genro. Ele merecia a morte e mal minha mente revelou esse pensamento, puxei minha mão.

— Se não há arrependimento, não há aprendizado. — Observou ele tristemente, como se eu o tivesse decepcionado.

— Ele merecia que eu o matasse, eu o odiava. Ele judiava de minha filha. — Argumentei um tanto irado, por ele não me dar razão.

— Primeiro: há exagero seu. Segundo: se ele merece morrer ou não, não é seu problema. Não estamos aqui para julgar e condenar.

Embora a voz dele fosse firme e decidida, era extremamente educada. Ficou me olhando bem nos olhos. Perguntou com certo dó:

— Você não tem visto sua figura. Já viu esse algo viscoso que está em todas as paredes?

— Sim.

— Pois seu corpo está também contaminado.

Eu olhei-me. Sim. Ele tinha razão.

— No que me transformei?

— Em uma alma que sofre, mas não deixa de querer vingança. Diga-me: por que se suicidou?

— Matando meu genro, nada mais me restava para fazer nessa vida.

— Tanta coisa lhe resta fazer na vida. A primeira delas é exercitar seu perdão. O erro entre vocês está no passado mais antigo. Não no presente, o qual você julga.

Olhei para o preso. Estava sentado na cama e lágrimas caíam de seus olhos, silenciosas. Já tinham apagado a luz novamente. Mas eu podia enxergar o brilho delas. Perguntei ao homem à minha frente:

— Por que não faz nada por ele?

— Já estou fazendo. Os inimigos dele não o sabem, mas também já o estão fazendo. Estão mostrando a ele um outro caminho e de certa forma, abreviando sua passagem por um caminho que não deveria ter entrado. Estão trazendo o arrependimento. Venha! Quantas vezes ainda teremos que vir buscá-lo para o levar a nova vida?

Escorreguei e encolhi-me no canto, sentando-me. Ele manteve-se de pé e me disse:

— Não pode ficar aqui para sempre. Há muito trabalho lá fora. Muitas formas de consertar seu erro e aprender a fazer o certo. Muitos precisam de socorro e você de arrependimento.

— Vou ficar! Eu matei, sim, meu genro! Preciso acreditar nisso, do contrário, minha vida foi em vão.

Ele lançou-me uma expressão tão triste que me arrependi do que tinha falado. Mas pensei: não fiz nada a ele, o que pode importar?

E devagar ele foi sumindo na minha frente. Lastimei que não mantivessem a luz acesa. Olhei para o preso, que continuava quieto, chorando e pensei: logo ele dormirá e logo aqueles homens-sombras voltarão. Ficarei quieto. Não mexerão comigo, pois eles não se importam comigo.

O dia amanheceu devagar. O preso já tinha parado de chorar. O guarda trouxe o alimento e humildemente o rapaz pediu que lhe trouxessem o advogado. Tinha perdido aquela arrogância anterior.

Passou o dia andando de um lado para outro dentro da cela. Fiquei pensando nas palavras que o homem de branco havia me dito. Mas eu não podia acreditar que não tinha matado meu genro. Só de pensar nisso uma sensação de fracasso enorme me envolvia. Não entendia que não tê-lo assassinado era importante para meu próprio equilíbrio e felicidade mais tarde, apesar da minha intenção e ação.

O advogado do rapaz não veio naquele dia. A noite o rapaz nem sequer sentou-se na cama. Continuou caminhando de um lado para outro, bem devagar, para não dormir.

A noite passou, o dia amanheceu novamente, e ele tinha os olhos fundos. Pareceu-me que tinha emagrecido. Trouxeram-lhe o café da manhã e ele sentou-se na cama para servir-se. Mal comeu e tornou a ficar de pé e a caminhar no ritmo anterior.

Logo depois o advogado chegou. A primeira coisa que o preso fez foi pedir desculpas. Estava mais humilde em suas atitudes e conversaram. Ele contou o que ocorria à noite, pediu que o advogado confirmasse com os guardas, para tê-los como testemunha.

O advogado ficou de tomar providências. Ele havia pedido para ser transferido para um hospital. Afirmou que estava doente, que só podia ser doença, um mal do sono qualquer.

O advogado saiu e ele voltou a caminhar devagar. Eu podia perceber que estava extremamente cansado. À tarde recebeu uma visita, mas não a recebeu dentro da cela, vieram buscá-lo.

Quando voltou, estava estranho. Recostou-se em uma das paredes e ali ficou de pé, com medo de sentar-se, dormir e ser de novo surrado.

A noite aproximou-se. Veio o jantar e ele não tocou no alimento. Manteve-se caminhando devagar para manter-se em vigília. Porém, não agüentou. Recolheu-se na cama e logo depois estava dormindo profundamente.

Voltei a ter medo, muito medo. Mas os homens-sombras não vieram. O dia amanheceu e me senti aliviado, embora tivesse passado uma noite de terror, com medo que eles aparecessem de um momento para outro.

Naquela época, eu não percebia claramente, mas tinha medo de ficar e medo maior em ir. O lá fora ainda me assustava muito.

A noite tornou a vir e novamente tive medo, assim como o preso, que os homens-sombras voltassem. Não vieram e nunca mais vieram. Eu não havia percebido que o preso passara a rezar e mudar seu modo de agir e pensar, desligando-se dos laços.

Era esse o modo que eu devia agir também. Porém, eu ainda queria crer que matara meu genro e julgava isso a coisa mais importante que eu fizera em minha vida.

Dias depois o rapaz saiu. Eu soube, por ouvir comentarem, que tinha ido para um hospital psiquiátrico.

A cela ficou vazia durante muitos dias. Até que entrou um outro homem. Tinha um cenho triste, era calado e fora trazido sem algemas. Os guardas fecharam a grade e tive a sensação de que não queriam fazê-lo.

O homem sentou-se na cama recém feita e olhou para todos os lados. Um guarda, que ainda estava na porta, lhe disse:

— Desculpe, doutor. Sinto muito. Sei que foi engano e logo o senhor poderá sair daqui.

— Confio na justiça de Deus.

O guarda saiu da frente da cela, e o homem ficou sentado, olhando tudo à volta, como se fosse chorar.

Horas depois entrou uma mulher. Estava muito bem vestida. Tinha um chapéu suntuoso na cabeça, e assim que entrou tirou o chapéu, colocando-o na cama.

O preso levantou-se e se abraçaram, ela disse:

— Você sairá logo. Tenho certeza. Eu confio em sua inocência.

— Devo ter me distraído. Como pude ter errado? Era uma cirurgia tão simples.

— Calma, querido! Calma! Todos erramos. Eu não creio que foi erro seu. Foi destino.

Eles se soltaram.:

— Errei! Eu errei! Mereço estar aqui. Um médico não pode errar.

— Um médico é ser humano. Por que você não deixou que seu advogado fizesse qualquer coisa de imediato?

— Prefiro estar aqui. Não confio mais em mim como médico.

— Aqui é lugar para bandidos. Você não é um bandido, apenas um homem que crê que errou. As acusações são falsas. Você devia lutar contra elas.

Ele sentou-se na cama e puxando a mulher com a mão, a sentou perto de si. Abraçaram-se novamente e ele a beijou, dizendo:

— Minha esposa querida, eu lastimo. Mas, pensando passo a passo no que fiz, eu errei. Não sei o que me deu. Mas eu errei. Confessei isso. Não podia mentir.

— Devia ter guardado segredo. Você não é um bandido.

— Não consegui mentir. Minha consciência grita que errei. Não sei o que me deu.

— Cirurgias são difíceis e erros acontecem. Por que não mentiu e afirmou que não tinha errado? Seria difícil provarem. Ante sua confissão as coisas se complicaram para seu advogado defendê-lo.

Ele calou-se. Olhou para todos os lados e voltou a abraçá-la, dizendo que sentia muito.

Mantiveram-se calados por um longo tempo. Até que o guarda apareceu dizendo que a hora da visita tinha acabado. Eles se beijaram levemente, como despedida.

O guarda abriu a porta. Eles ainda trocaram um longo olhar e ela se foi.

Fiquei pensando naquele drama. Ele, pelo que tinham dito, havia cometido um erro médico e não conseguira negar. Que estúpido – pensei.

O médico deitou-se na cama. Olhei para a cama e pensei: gente de toda espécie dorme aí. Desde bandidos mais sanguinários até um padre já dormiu aí.

O jantar foi servido. O médico mal o tocou. As luzes foram apagadas e eu sentia que ele estava acordado. Porém, horas depois dormiu. Um homem vestido de um azul leve e brilhante, um outro, diferente do anterior, apareceu na cela. O médico sentou-se, embora o outro corpo seu continuasse deitado a dormir. O homem lhe disse:

— Sérgio, você tem que se perdoar. Há muito o que fazer. Seu trabalho é importante e você é um homem honrado.

O médico olhou para o recém chegado e depois para mim, como se somente naquele momento me visse e perguntou, dirigindo-se a mim:

— O que faz aqui?

Eu me encolhi no canto. Não queria que me visse. Não respondi. O recém chegado virou-se e me olhou também, respondeu ao médico:

— Ele não quer ir. Já insistiram muito. Já vieram buscá-lo muitas vezes. Ele não se convenceu ainda de que tem que ir. — Afirmou o recém chegado com pesar.

— Por que quer ficar aqui? Ficar aqui é inútil. Há tantas formas de ajudar. Há tantas formas de crescer. — Disse-me o médico, um tanto incrédulo com a minha postura.

O recém chegado observou:

— Preste atenção ao que está falando, Sérgio. Não foi você mesmo quem disse ao delegado que preferia ficar preso? No entanto, pessoas precisam de seus serviços.

— Eu errei. Como médico errei.

— Talvez, do seu ponto de vista, tenha errado, sim, meu amigo. Mas penalizar-se de forma inútil... Você está sendo como ele, que há cinquenta anos, no seu compasso de tempo, está aqui.

— Tenho conhecimento quanto a importância do que faço, como posso ter me distraído?

– Amigo, o conhecimento que você tem é limitado. A medicina dos homens é limitada e foi por isso que você errou, optando por um método, quando o mais acertado seria o outro. Não tem a intenção ou a negligência manchando sua ação.

– Não há desculpas. Uma vida está prejudicada por minha causa.

– Amanhã, seu advogado conseguirá sua soltura. Aceite-a. E se quiser retratar-se estude mais e com mais afinco. A chance de errar sempre acompanha quem faz. Mas você não errou de alma. Não fez de propósito e o tamanho do erro é proporcional à intenção. Já devia estar convencido disso.

O médico levantou-se. Veio em minha direção e olhou atentamente meu pescoço. Examinando-me, perguntou:

– O que você fez para estar assim?

Eu ia lhe responder. Mas senti vergonha. Ele parecia tão limpo e eu me sentia sujo, muito sujo. Ele insistiu na pergunta. O recém chegado olhava-nos, tive certeza de que sabia a resposta, no entanto, manteve-se calado.

– Enforcou-se – afirmou o médico, depois de me examinar melhor. – Meu Deus! Meu Deus! Por que fez isso? Não vamos lastimar. Entendo agora que o que fiz foi estúpido. Devia, sim, manter-me na minha clínica, trabalhando o dobro para justificar-me frente a Deus. A punição pela punição nada vale. Eu tinha dois caminhos, duas opções e optei pela errada. E meu paciente está lá, no hospital, precisando ainda de meu auxílio. Diga-me: conseguirei o perdão de Deus lutando minha vida toda, se for preciso, para reverter o erro? – Questionou, voltando-se para o recém chegado.

– Creio que assim conseguirá seu próprio perdão, pois Deus entende que somos falhos e sempre concede novas chances.

O médico, que havia se abaixado para ficar perto de mim, levantou-se. Olhou-me longamente de cima para baixo e perguntou ao recém chegado, referindo-se a mim:

– Quando a medicina dos homens poderá curar também esses males?

O recém chegado sorriu meigamente, respondendo:

– Quando os homens entenderem que é bobagem fazer coisas inúteis. Não há morte. E os erros cometidos ecoam cada vez mais fortes se nós não os revertemos.

– Matei meu genro e tentei o suicídio – confessei timidamente.

– Que você tentou o suicídio eu já vi, e conseguiu. E tem se suicidado todos os dias, em cada dia que fica aqui. – Respondeu o recém chegado.

Olhei-os. Sim! Era isso que eu estava fazendo. Por isso todos os dias eu tinha dor. Por isso às vezes ela amenizava e às vezes era terrível, quase insuportável.

– Vá com ele. Ele é de confiança. Já me socorreu tantas vezes que nem sei contar – aconselhou-me o médico.

Olhei para o homem vestido de azul claro. Aquela claridade em volta dele pareceu cintilar mais. Tive vontade de tocá-lo. Levantei-me lentamente e olhei para o médico. Ele também cintilava levemente e eu não tinha reparado antes.

Lembrei-me de todos os que tinham passado por aquela cela, em nenhum deles havia um pingo de luminosidade em volta de si. Percebi que eu estava cansado de sofrer.

Olhei para o corpo deitado na cama, dormia tranquilamente, com a respiração compassada. Lembrei-me do preso anterior, de suas noites assustadas, de seu medo de dormir. Falei ao médico:

— Tenho certeza de que você é inocente. Ninguém que faz seu trabalho com honra pode ser culpado, mesmo que erre.

Ele sorriu um tanto encabulado e me respondeu:

— Eu também tenho certeza de que você errou por ignorância, assim como eu. Vá com ele. Nosso Criador sempre nos perdoa. Perdoe-se fazendo algo útil. Compreendi isso agora. Mas a dor de ter errado e prejudicado outrem me fez acovardar. Tive certeza, embora inconscientemente, que estando preso por meu erro eu me livraria de errar novamente. Não me livraria. Erraria muito mais fugindo da luta. Como quem deserta. Não negarei que errei. Não mentirei. Mas pagarei da melhor forma possível. Não fugindo. Porque fugir é cômodo. E crescer é enfrentar.

O médico virou-se para o homem de azul e agradeceu, abraçando-o. O homem olhou-me dizendo:

— Venha! Dê-me sua mão. Faça como ele. Não fuja da luta, acovardando-se.

— Tenho medo do que pode haver lá fora — confessei, sentindo meu terror voltar.

— Se nunca abrir a janela, não sentirá o vento frio, em compensação, perderá o prazer do sol. Venha!

Lembrei-me: que embora eu julgasse que lá fora só pudesse existir a escuridão do nada, talvez um sol brilhante me esperasse trazendo a cura para meus males.

Olhei para o médico, para seu corpo que dormia tranqüilamente e tive vontade de sentir-me também tranqüilo. Agradeci-lhe e estendi a mão ao outro homem.

Instantaneamente ele a pegou com força e rapidamente estávamos fora dali.

Sentindo-me sendo deslocado, um medo assolou-me. Tive vontade de voltar para a cela. Mas já não existia volta, eu seguia a caminho da luz.

Carlos Alberto Menezes

Psicografado por: Amarilis de Oliveira

PARA REFLETIR

MEDIUNIDADE ATRAVÉS DOS TEMPOS – DEUS – JUSTIÇA E EVOLUÇÃO

A revelação é tão velha quanto a humanidade consciente. Efeito da inspiração, ou mediunidade direta, ela remonta à noite dos tempos. Basta um olhar atento aos livros sagrados de todo o mundo, para nos assegurar de que as idéias-mães das doutrinas constituem uma base oculta, mas vívida.

Nela se encontra a alma invisível, o princípio gerador das grandes religiões. A luz que irradiou da verdade central rompeu-se e coloriu-se conforme seu gênio e seu mistério, de acordo com os tempos e lugares.

Antes de tudo, em um período de animismo, o homem e vida singular, descobriu uma parte imaterial em si mesmo, uma parte de que ele ainda não tinha conhecido a causa.

Há, mais ou menos empiricamente, o reconhecimento do duplo: alma, perispírito, e alguns fatos surgiram que lhe revelaram a sobrevivência dos seres já desprendidos da matéria.

O humano percebeu que a parte imaterial de seu ser é solidária às outras partes; pode-se desde esta vida operar sobre a alma, perturbá-la ou sustentá-la.

Na falta de compreensão, criam-se rituais, magias e talismãs para proteção e afastamento ou para criar relações com esses seres invisíveis.

O desenvolvimento da mente não pára, não se contenta com essas posturas vãs, procura elevar-se e conhecer as leis, compara os princípios e efeitos.

Reconhece a ação de um Ser superior aos humanos, faz apelos a estes poderes desconhecidos.

Passa por várias fases:

Mitologia – personificação de todas as forças, que atinge o seu apogeu tanto na Índia como na Grécia. Estas suas lendas, transparentes para os Iniciados (médiuns desenvolvidos), contam as idéias abstratas ou os fenômenos cósmicos que a multidão não pode atingir.

O mais antigo sábio que a História nos tem transmitido à memória é Fo Hi, China – 3.468 AC.

É a ele que é devido o livro Sagrado Yi-king, onde estão contidos os mais altos e puros ensinamentos.

Por mais longínqua que nos pareça sua existência, ele se refere a outros sábios, declarando querer legar à posteridade os trabalhos de seus antepassados.

Temos referências a sábios— como eram chamados antigamente os estudiosos— posteriores a ele, que afirmavam que antes de ele traçar os trigamas e pregar a evolução da alma humana, olhou para o céu, depois abaixou os olhos para a terra, observou as particularidades, considerou os caracteres do corpo humano e de todas as coisas exteriores, vendo o material e imaterial.

Daí deu-se o começo do ocultismo na China, que também escapava ao vulgo.

Confúcio – 5 séculos AC. – Neste, além de termos a compilação da tradição sagrada sob uma forma mais pessoal. Uma alta vontade se manifesta no equilíbrio perfeito da terra e do céu, no império equilibrante que une o homem às coisas da natureza. O poder criador de diferentes espécies de espíritos – celestes, terrestres e humanos (encarnados).

O culto aos antepassados é a base de toda a religião chinesa. Este culto cotidiano que sensibiliza, implica entre os chineses de todas as épocas uma crença certa na imortalidade da alma.

São dirigidos a esses espíritos familiares já desencarnados, orações e perfumes são queimados, rogando-lhes apoio, proteção e conselhos.

Além do culto aos antepassados, Confúcio dá uma direção moral a seus discípulos, mostra que o ser está estreitamente ligado à harmonia universal. Prega respeito, franqueza, responsabilidade com seus atos etc.

Depois veio Lao-Tse, 604 AC. – Deixou o *Livro das Ações e Reações*.

Seu pensamento não se limita às aparências, porém, remonta aos efeitos e às causas.

Pregava que o espírito do adepto eleva-se, ao mesmo tempo em que seu corpo é purificado por uma ascese apropriada.

O sábio que está no céu, isto é, cujo espírito está desprendido, obteve uma vida longa e é lá no alto que os seus trabalhos merecem a grande paz.

Citações do *Livro das Ações e Reações*: O espírito caminha e passeia à noite. Aqueles que caminham à noite é preciso conciliar, porque as influências exteriores agem sobre os homens (fenômeno conhecido atualmente como desdobramento).

Estas influências nos rodeiam; elas são pesadas e se prendem à terra; mas são sutis e escorregam; deslizam por toda parte em que o melhor lugar lhe seja aberto.

ÍNDIA

O escrito mais antigo é o VEDAS – (Livro da Ciência Sagrada) que remontam, segundo historiadores, a 2000 AC.

Veda significa saber (são quatro livros).

Para os pesquisadores de nossa hora, o futuro lhes reserva uma última surpresa, a de encontrar nos Vedas a definição das forças ocultas da Natureza que a ciência moderna está em(a) caminho de redescobrir.

A religião Vedas não se contenta em dar ao homem ritos e fórmulas, seus livros contêm ensinamentos de alta elevação moral.

Essas leis são apresentadas aos seres como os verdadeiros meios para atingir a felicidade, o cumprimento do dever, na necessidade do bem e do bem feito à Humanidade.

BUDISMO – JAPÃO – TIBETE – PARTE DA ÍNDIA E CHINA

Buda — Sidarta Gautama . Seus escritos são aproximadamente de 562 AC.

Diz a seus discípulos que se preocupem com a própria salvação, mas ordena-lhes também que auxiliem a salvação de seus concidadãos, que se interessem praticamente, na medida de suas forças, pela salvação da Humanidade.

Buda veio à Terra para revelar a verdade, eis por que lhe deram o nome de Buda, que é um dos iluminados que receberam o Bddhi, o Conhecimento intuitivo.

No Budismo, a caridade e o respeito não se limitam somente aos humanos, estendem-se às criaturas mais ínfimas e condenam a matança de animais, nossos irmãos inferiores.

Para uma elite compenetrada de seus ensinamentos e das praticas da caridade, uma iniciação mais intelectual, idéias mais elevadas que precisam ser compreendidas e raciocinadas, um conhecimento mais profundo dos mistérios da criação e Criador. O coração não basta àquele que quer seguir a senda perfeita; é preciso o assentimento do espírito e da razão.

Prega ainda: Liberto, liberta; chegando a outra praia, faz chegar os outros; consolado, consola; chegando ao Nirvana completo, faz chegar os outros.

Seu dever é fazer desaparecer esta sombra que ofusca ainda mais a luz revelada. Deve fazer subir todos os seres ao paraíso onde ele vive.

Que cada um trabalhe para desenvolver em si faculdades que lhe permitam ver e, qualquer que seja o lado da natureza ao qual ele aplique suas investigações, poderá observar diretamente as maravilhas que se operam neste laboratório imenso do Cosmos, onde as Forças particulares estão constantemente em obra para fazer evolucionar os Globos e a Humanidade.

Há na parte esotérica do Budismo um estudo muito complexo dos meios de percepção e de sensação, que conferem um auxílio poderoso e necessário a um iniciado.

ALLAN KARDEC – 1804-1869

Dando um grande pulo na História, na era moderna temos Hippolyte Léon Denizard Rivail, (Allan Kardec), francês, estudioso, possuidor de profundo conhecimento da língua alemã; traduziu para ela diferentes obras de educação e moral, sendo membro de várias sociedades científicas.

Em 1855 começou a estudar de modo crítico as manifestações mediúnicas, dedicou-se a perseverantes observações dos fenômenos e cuidou principalmente de lhes deduzir as conseqüências filosóficas, entrevendo de longe o princípio de novas leis naturais.

Deixou um trabalho vasto e criterioso da relação Plano Espiritual e Plano Encarnado, dando origem à Doutrina Espírita em uma linguagem clara, moderna e objetiva.

Amarilis de Oliveira

UM POUCO SOBRE MEDIUNIDADE

Temos aqui mais um trabalho do Orbe dos Escritores, através da médium Amarilis de Oliveira. O principal objetivo da produção literária desses espíritos é a criação de textos que possam divertir, comover, conquistar e levar a uma profunda reflexão sobre as razões de nossa existência.

A forma mais comum de comunicação entre as dimensões é via sensação, como por exemplo: premonição. Essa naturalidade ocorre porque nunca deixamos de ser espíritos, e que mesmo encarnados mantemos laços com nossos afins desencarnados. E, como todo talento, uns têm essa sensibilidade mais desenvolvida do que os outros.

Mediunidade quer dizer intermediário entre os dois mundos, o espiritual e o físico, e temos as mais variadas especialidades de "mediadores" para os mais variados assuntos.

Costuma-se dividir os médiuns em dois grandes grupos:

Médiuns de efeitos intelectuais e médiuns de efeitos físicos, sendo que os primeiros são os mais preparados para receber o conjunto de funções psíquicas e psicofisiológicas que contribuem para o conhecimento, a compreensão da natureza das coisas e do significado dos fatos, e os segundos têm o poder de promover efeitos de fenômenos materiais ou manifestações ostensivas.

Quaisquer outras manifestações mediúnicas com maior ou menor intensidade e nas mais distintas variações, pertencerão a uma dessas duas classes, ou até mesmo a uma mistura de ambas. Se examinarmos minuciosamente os efeitos criados sob influência mediúnica, constataremos que, em sua totalidade, existe um fenômeno físico e que em todos os fenômenos físicos há uma associação de um efeito inteligente. Da mesma maneira, nos efeitos físicos sempre existirá, por menor que seja, uma participação dos fenômenos ditos inteligentes. Exigirá um esforço muito grande, para alguns casos, estabelecer-se um ponto de demarcação entre os dois grandes grupos.

Normalmente, as principais categorias de médiuns são:

- de efeitos físicos
- psicógrafos
- auditivos
- falantes
- videntes
- sonâmbulos
- curadores
- pneumonos

É um equívoco acreditar que, por ser o indivíduo um bom médium, por exemplo, um excelente psicógrafo, ele terá habilidade igual em mediunidade de outro gênero.

Assim como nos recomenda Kardec, é que devemos ter uma atenção especial para sentirmos a origem das intervenções espirituais, ou seja, um cuidado com relação à qualificação dos espíritos que orientam as comunicações que chegam a nós encarnados. Também é muito importante avaliar as condições, os atributos, a índole do médium.

Não só a natureza do espírito precisa ser avaliada; também o medianeiro precisa estar apto ao trabalho para que o efeito seja adequado.

Resumindo: para que a participação da espiritualidade seja eficaz e produtiva, é necessário que a sua origem seja de ótima qualidade, que a procedência advenha de um bom espírito e, em contrapartida, que o instrumento (médium) também seja de boa qualidade.

Normalmente, o espírito, que tem a facilidade de perceber nossos pensamentos, avalia se a pessoa que serve de médium tem qualidades suficientes e se o seu propósito é sério. Não percebendo essas qualidades, o espírito se afasta, não perdendo seu tempo em semear em terreno não fértil. Nessa ocasião é que aparecem os espíritos zombeteiros e levianos e aproveitam o espaço para intervir.

Assim sendo, torna-se objetivamente necessário o aperfeiçoamento do médium como ser humano, principal condição para que a empreitada tenha um bom êxito.

Não existindo essa preocupação, fatalmente a comunicação será pobre ou infrutífera. É como, por exemplo, um violão desafinado, com o qual, o mais exímio violonista, não conseguirá exibir seus dotes e sua qualidade de musicista.

Nos dias de hoje há, por parte das pessoas, uma intensa procura de um sentido espiritual para a vida. É a contrapartida do materialismo.

A satisfação material por si só não preenche todas as necessidades emocionais e sentimentais do ser humano. As pessoas procuram preencher essa lacuna vazia nos movimentos carismáticos, nas igrejas pentecostais, evangélicas e no Espiritismo.

Contaminados por conceitos errôneos iniciantes, fazem conexões desordenadas e confusas. Tratam o umbral como inferno, a colônia espiritual Nosso Lar como céu, a lei de ação e reação como castigo e recompensa, e assim por diante. Pouquíssimas criaturas estão dispostas a estudar e interpretar corretamente a Doutrina Espírita, codificada por Allan Kardec

Um dos campos que geram maiores dúvidas diz respeito à mediunidade. Buscando o desenvolvimento de atividades, procurando aplicação de suas faculdades mediúnicas, há um campo fértil para práticas místicas que trazem, por conseqüência, desinformação e conflitos.

Estudando o Livro dos Espíritos e o Livro dos Médiuns, vamos observar, com boa compreensão e entendimento, que a mediunidade é, verdadeiramente, um conjunto de fatores e um mecanismo que estimula uma experiência evolutiva ligando o mundo material ao espiritual.

A Doutrina Espírita existe desde 1857. No entanto, a atividade mediúnica, em muitos centros espíritas, é grosseira e primitiva. Basta ver os resultados efetivos. Quem sabe a maneira como esse assunto vem sendo conduzido não seja o mais adequado?

Olhando o desenvolvimento gradual para o Espiritismo, seu codificador Allan Kardec estabeleceu alguns pontos fundamentais. O primeiro era com relação à modificação dos conceitos estabelecidos quando da criação da Doutrina. Ele acompanharia a ciência e, se ela revelasse que havia algum engano de interpretação, o Espiritismo se modificaria nesse ponto. Até o momento, a ciência só veio validar e comprovar os conceitos estabelecidos há quase dois séculos. Também poderia existir alguma mudança, caso uma nova revelação ocorresse ao mesmo tempo em diversos centros espíritas capazes e desde que submetidos à análise da razão e do bom senso.

A primeira condição de identificação sobre os que podem ser trabalhados para que se faça uma experiência como trabalhador no campo da mediunidade é analisar quem tem condição de ser preparado/orientado como médium. Assim sendo, torna-se necessário observar que algumas concepções são de interpretação duvidosa, como, por exemplo:

- ♦ Que o indivíduo tem na mediunidade uma missão
- ♦ Que mediunidade é sinônimo de benefício às pessoas
- ♦ Que distúrbios emocionais são resultantes de mediunidade a ser trabalhada
- ♦ Que existe um espírito desejando trabalhar

É importantíssimo que os Centros Espíritas instruam aqueles identificados como possíveis médiuns, através de cursos e aulas, que possibilitem primeiramente o conhecimento teórico da mediunidade.

A falta de estudos na Doutrina Espírita é um dos motivos da criação de tantos obstáculos para serem superados e causa principal da maioria dos condicionamentos erroneamente estabelecidos na prática do Espiritismo. Precisamos encontrar um ponto de equilíbrio com o estudo e o exercício da mediunidade. Nada de cursos de difícil compreensão, mas não privar as pessoas da transmissão do conhecimento.

Existem trabalhadores que se identificam com as atividades envolvendo a mediunidade. No entanto não possuem características de mediunidade ostensiva. Essas pessoas poderão ser preparadas como orientadoras, uma atividade de fundamental importância nas reuniões mediúnicas.

Podem aparecer pessoas que se comunicam como preparadas para a função, dizendo-se experientes. Em todas as situações, entendemos que essas criaturas estarão sujeitas a um período de avaliação, sendo recomendável que se submetam ao esquema de estudo estabelecido.

Muito cuidado deve-se ter para com o encaminhamento a ser dado àquelas pessoas que manifestam de forma desequilibradas, pois pode existir a perturbação, por obsessão. Permitir a uma pessoa que sofre perturbação "desenvolver a mediunidade", sem atenção para com este detalhe, pode muitas vezes, estar correndo risco de deixá-la mais desequilibrada.

Eurípedes Rodrigues dos Reis